아들러의 내 인생 애프터서비스 심리학

버텨내는 용기

버텨내는 용기

초판 1쇄 인쇄	2015년 2월 10일
10쇄 인쇄	2015년 10월 19일

지은이	기시미 이치로
옮긴이	박재현
펴낸이	김태수
디자인	정다희
펴낸곳	엑스오북스
출판등록	2012년 1월 16일(제25100-2012-11호)
주소	서울 마포구 월드컵북로 400 서울산업진흥원 5층 16호
전화	02-2651-3400
팩스	02-3651-1366

ISBN	978-89-98266-12-7 13190

잘못 만들어진 책은 구입하신 곳에서 바꾸어 드립니다.
값은 뒤표지에 있습니다.

이 도서의 국립중앙도서관 출판예정도서목록(CIP)은 서지정보
유통지원시스템 홈페이지(http://seoji.nl.go.kr)와 국가자료공동
목록시스템(http://www.nl.go.kr/kolisnet)에서 이용하실 수 있
습니다. (CIP제어번호 : CIP2015001805)

아들러의 내 인생 애프터서비스 심리학

버텨내는 용기

어떻게 살 것인가

상식을 의심한 심리학자 아들러

19세기 후반 오스트리아 빈에서는 심리학의 역사를 크게 바꿔 놓을 기라성 같은 거장들이 나타났습니다. 지그문트 프로이트, 칼 융, 알프레드 아들러가 그들입니다. 이 가운데 알프레드 아들러란 이름은 유럽이나 미국에서와 달리 무슨 이유에서인지 우리에게 그다지 친숙하지 않습니다.

아들러는 기존의 가치관을 철저히 의심하는 데서 출발한 심리학자입니다. 기존의 가치관을 받아들이지 않았다거나 기존의 가치관이 틀렸다고 생각한 건 아닙니다. 자명해 보이는 가치관도 일단 백지상태에서 다시 생각해보겠다는 태도를 취한 것이지요. 어떤 사회나 문화 속에서 인정받는 가치관도 처음부터 그 지위를 차지했던 것은 아니니까요.

우리 모두 같을 수는 없다

요즘은 정신적 외상을 일컫는 트라우마나 외상후스트레스장애 PTSD라는 말을 흔히 사용합니다. 자연재해나 사건사고를 겪은 뒤 마음에 상처를 입고 트라우마를 갖게 되면 우울, 불안, 불면, 악몽, 공포, 무기력감, 전율이 일어나는 증상을 일컫는 말이지요. 심리학을 잘 알지 못하는 사람도 일상적으로 입에 올리는데 특히 일본에서는 1995년 고베 대지진 이후 부쩍 이런 말을 많이 쓰지요.

큰 사건을 겪으면 누구나 정신적으로 강한 충격을 받는 건 사실이지만 인생을 살면서 궁지에 몰릴 때마다 트라우마 때문이라고 단정하는 것은 과연 온당할까요? 2001년 일본 오사카의 이케다 매장에서 끔찍한 아동 살해사건이 벌어진 적이 있습니다. 그때 정신과 의사가 텔레비전에서 이런 인터뷰를 하더군요.

"사건 현장에 있었던 아이들이 지금은 아무렇지 않아 보이지만 인생의 어느 단계에서는 반드시 문제에 부닥칠 것이다."

정말로 반드시 문제가 일어날까요? 아이들은 성장하면서 어른이 될 테고 결혼도 할 겁니다. 결혼생활을 하다 보면 당연히 순탄치 못한 시기도 보내게 되겠지요. 그런다고 해서 사건 현장에 있었던 경험이 순탄치 못한 결혼생활의 원인이라고 단정 지을 수 있을까요? 결혼생활에서 벌어지는 문제는 부부 관계 자체에서 문제가 생긴 것이지 먼 과거에 있었던 일 때문이라고 보기는 힘듭니다.

범죄자 중에는 자신이 죄를 저지른 원인이 가난 때문이라고 말하는 이가 있습니다. 그러나 가난하다고 모든 사람이 그처럼 행동하지는 않습니다. 우리는 비슷한 경험을 하며 살아가지만 모두 똑같아지는 건 아니지 않습니까? 큰 지진이 일어나면 막대한 피해가 발생하고 수많은 사람이 충격을 받고 좌절합니다. 하지만 대부분의 사람들은 좌절을 딛고 일어나 예전처럼 학교로, 직장으로 가지요.

🌿 당신 탓이 아니라고?

지금 우리가 겪는 문제의 원인을 과거의 사건에서 찾는다고 문제가 해결되는 것은 아닙니다. 어떻게든 문제를 해결할 마음이라면 앞으로 어떻게 할 것인가를 생각해야 합니다. 그러지 않고 문제의 원인을 과거에서만 찾다 보면 지금까지 한 번도 생각해본 적 없는 일들을 떠올리기도 합니다. 그럴 때 정신과 의사나 카운슬러는 이렇게 말하지요.

"당신이 잘못해서 그런 게 아니에요. 당신 탓이 아닙니다."

어떤 카운슬러는 책에서 "남 탓으로 돌려라. 우리는 그러지 못해 이토록 괴로운 것이다"라고 써놓기도 합니다. 이런 말을 들으면 당사자의 마음은 분명히 편할 겁니다. 그러나 과거의 온갖 사건을 끄집어낸다고 해서 해결책을 찾을 수 있는 건 아닙니다. 의사가 암이라는 진단을 내리고는 아무런 치료나 처방도 하지 않은 것과 다를 바 없지요. 암의 원인을 자세히 설명한다고 해서 다시 건강해지는 건 아니니까요. 차라리 원인을 밝혀내 그것을 바꾸면 증상이 개선될 수는 있겠지요. 그러기 위해서는 타임머신이라도 타고 과거로 갈 수 있어야 하지요.

이렇듯 우리는 문제의 원인이 늘 과거에만 있다고 믿습니다. 고통스러운 삶을 부모 탓으로 돌리고, 교육방식에 문제가 있었다고 책망합니다. 자신에겐 문제가 없다고 믿고 싶은 것이죠. 설령 과거가 원인이라는 것을 알게 되었다고 해도 '앞으로 무엇을 어떻게 할 것인가'를 생각하지 않으면 문제 해결을 위해 한 걸음도 나아간 게 아닙니다. 시선을 과거가 아닌 미래로 향하게 해야 합니다. 앞으로 살펴보게 될 아들러 철학의 핵심이 바로 이것입니다.

🌿 내 인생은 내가 정한다

누구나 과거의 사건, 부모의 양육방식, 성장환경에 영향을 전혀 안 받을 수는 없습니다. 하지만 아들러는 인간이 외부 자극에 늘 끌려 다니는 것은 아니라고 생각했습니다. 인간은 불안이나 분노 같은 감정에, 혹은 강압에 끌려 자기 의지와 전혀 다른 것을 선택하는 존재가 아니란 것입니다. 때로는 무엇이 유용하고 무엇이 행복을 주는지 잘못 판단할 때도 있겠지만 말입니다. 그래서 아들러 심리학은 중요합니다. 어떻게 하면 행복해지는가, 어떻게 살 것인가에 관한 분명한 답을 제시해 줍니다. 현재의 삶이 고단하다고 생각하는 사람들에게 앞으로 어떻게 살아가면 좋은지 희망의 메시지를 전해 줍니다.

아들러는 "인간을 이해하는 건 결코 쉽지 않은 일이다. 개인심리학은 모든 심리학 중에서 가장 배우기 어렵고 실천하기 힘들다"고 말했습니다. 하지만 그의 이론이 그 정도로 난해한 것은 아닙니다. 아들러의 생각을 자신의 것으로 받아들이는 데 다소 저항감을 느끼는 사람이 있을 수는 있을 겁니다.

아들러 사상은 100년을 앞서서 등장했다는 말들을 합니다. 이 말을 증명이라도 하듯 그가 세상을 떠난 지 100년이 지난 지금도 우리는 여전히 그의 생각을 따라잡지 못한 것처럼 보입니다. 인류는 여전히 아들러가 구상한 세계를 실제로 이룰 수 있는 현실로 보지 않으니까요. 그럼에도 우리가 아들러 사상을 배워야 하는 의미는 무엇일까요?

차례

어떻게 우월성을 추구할 것인가

힘에서 대화로

제1장

인간 욕구의
근원을 찾아서

🌿 열등감 뛰어넘기

오랜 세월 동안 아들러 사상을 근거로 삼아 수많은 사람들을 상담해왔습니다만 자신감 넘치는 사람을 상담해 본 적은 거의 없습니다. 열등감을 가진 사람들이 대부분이었기 때문입니다. 열등감 얘기가 나왔으니 제 개인적인 얘기부터 하겠습니다. 저는 어린 시절부터 키가 작았습니다. 한때는 키만 컸으면 제 인생이 훨씬 순탄했을 거라고 믿었지요. 그러나 그런 고민을 털어놓을 때마다 "겨우 그깟 게 고민이야?"라는 핀잔만 들었습니다.

그러다 제 고민은 고민 축에도 끼지 못한다는 것을 깨달았습니다. 베토벤의 기막힌 사연을 들었기 때문입니다. 청력은 음악가에게 목숨처럼 소중한데 그는 20대 중반 이후부터 청력을 잃기 시작했습니다. 제9번 교향곡을 처음 무대에 올릴 때에는 직접 지휘를 맡았지만 관객의 우레와 같은 박수소리는 들을 수 없었습니다. 그

얘기를 듣고 저는 외모 콤플렉스에서 어느 정도 벗어날 수 있었습니다.

사실 외모는 꽤 중요한 문제이긴 합니다. 상담을 받으러 오는 사람 중에도 심각한 장애가 있어서라기보다는 용모에 고민이 많은 사람들이 많습니다. 다른 사람들이 미인이라고 인정해 주는데도 정작 본인은 그렇지 않다고 믿는 이가 있는가 하면, 누가 봐도 마른 사람이 뚱뚱해서 고민이라고 말합니다. 제 자신도 외모로는 인정받을 수 없겠다는 생각에 공부에 매달렸으니 비슷한 부류라고 할 수 있겠지요.

자신이 남보다 못하다고 주관적으로 느끼는 것을 열등감이라고 합니다. 열등감을 극복하려고 노력하는 것은 '보상'이라고 하지요. 최근 들어 많이 쓰이는 이 말을 처음 사용한 사람이 바로 알프레드 아들러입니다.

아들러는 베토벤의 경우처럼 생활하는 데 불편한 신체적 장애를 '기관열등성'이라고 불렀습니다. 물론 기관열등성이 있다고 해서 모두 열등감을 갖는 건 아닙니다. 신체적 장애 자체가 정신적인 문제를 낳는 건 아니니까요. 신체적 장애를 잘 극복한 사람은 우리 주변에도 많습니다. 분명히 말해서, 우리의 현재는 과거의 사건이나 주변에 일어난 일에 의해 결정되는 건 아니지요.

신체가 정신을 지배할 수는 없다

아들러는 생활에 지장을 주는 신체적 장애를 '기관열등성'이라고 이름 짓고 그것이 성격 형성에 어떤 영향을 미치는지 연구했습니다. 아들러는 프로이트가 만든 수요심리학협회에서 〈신경증의 기관적 기초器官的 基礎〉라는 논문을 발표했는데 주요 내용을 요약하면 다음과 같습니다.

첫째, 모든 신경증은 시각 기관이나 청각 기관 같은 특정 기관이 약해서, 다시 말해 기관열등성이 있을 때 일어난다. 둘째, 성性적인 문제의 주원인은 이 같은 선천적 허약에 있다. 셋째, 기관열등성이 있는 사람은 사회에 적응하기 위해 그 열등성을 극복하려고 한다.

아들러는 청력을 잃고도 명곡을 쏟아낸 베토벤, 말더듬이에 목소리까지 작았으나 웅변가로 명성을 날린 고대 그리스의 데모스테네스를 열등성을 극복한 사례로 소개합니다. 열등성을 극복하는 과정에서 어느 정도에서 멈춰야 하는지 몰라 과보상이 나타나기도 한다고 지적했지요.

아들러가 기관열등성을 연구하게 된 데는 개인적인 사정이 있습니다. 어릴 때 구루병을 앓아 자유롭게 몸을 움직일 수 없었던 겁니다. 그의 부모는 아들러가 체력을 키울 수 있도록 마음껏 밖에서 놀게 했습니다. 집 뒤편에 있는 넓은 풀밭에서 아이들과 뛰어논 덕분에 병은 완치되었고 아들러는 사교적인 아이가 되었습니다.

결혼한 지 얼마 되지 않아 내과를 개원한 아들러는 병원 인근의 유원지 직원들을 치료하면서 새로운 경험을 했는데 그것도 연구에 영향을 주었습니다. 유원지 직원들은 평균적인 체력으로 근무를 했는데 그들 대부분이 어린 시절에는 선천적으로 허약했지만 노력을 통해 신체적인 핸디캡을 극복했다는 사실을 알게 된 것입니다.

아들러가 제기한 기관열등성의 보상 이론은 프로이트도 기본적으로는 인정했지만, 성욕을 발동시키는 힘, 즉 리비도가 성격의 토대라고 주장한 자신의 학설에 위협이 될 거라고 생각했습니다. 열등성을 보상하려는 욕구를 리비도 이외의 것으로 설명하려는 아들러를 인정할 수 없었던 것이죠.

공격욕구는 왜 생길까

아들러는 〈일반인과 신경증자의 공격욕구〉(1908년)라는 논문을 통해 인간에게는 성적 욕구와 공격욕구가 있다고 주장합니다. 인간은 두 가지 쾌락을 모두 얻으려고 한다는 것이죠. 성적 욕구는 프로이트가 포괄적으로 다루고 있었으므로 아들러는 공격욕구에 초점을 맞춥니다.

"세상에 태어나 울음을 터뜨리는 순간부터 아이의 태도는 적대적인데, 자세히 살펴보면 쾌락을 얻는 데 걸림돌이 되는 신체적 조건 때문에 그렇다는 것을 알 수 있다. 상황과 주위에 적대적이고 호전적인 태도가 낳은 인간관계는 소위 공격욕구라는 충동을 보여준다.”

아이는 태어나는 순간부터 쾌락을 얻으려 하는데 주위의 세계는 그것을 방해합니다. 따라서 아이는 자기 만족을 얻기 위해 싸우려는 욕구를 갖게 됩니다. 이같은 순수한 공격욕구는 때리거나 무는 행위를 통해 나타나는데 스포츠, 경쟁, 결투, 전쟁, 지배욕, 종교적 · 사회적 · 국가적 · 인종적 다툼 같은 공격적이고 파괴적인 행동으로 이어집니다.

공격욕구가 리비도 혹은 성적 욕구와 별개로 존재한다는 아들러의 주장을 프로이트는 받아들이지 않았습니다. 하지만 제1차 세계대전 중에 벌어진 잔학행위를 보고 프로이트는 훗날 인간에게는 생득적인 공격충동이 있다는 것을 인정합니다. 그런데 오히려 아들러는 프로이트도 인정한 생득적인 공격충동을 부정합니다. 제1차 세계대전을 계기로 인간 본성을 보는 두 사람의 견해가 반대로 바뀐 겁니다. 왜 이렇게 되었을까요?

아들러는 공격욕구가 우리 마음속에 잠재돼 있다가 파괴적이고 공격적인 행동으로 이어지기도 하지만 유용한 행동이나 자질을 이끌어내기도 한다고 본 겁니다. 공격욕구란 명칭이 무색하게도 이 욕구는 사회적으로 유용한 자애, 동정, 이타주의 등으로 변용될 수 있다는 것이지요. 아들러는 이 같은 변용이 문화에 의해 이뤄진다고 했는데 〈치료와 교육〉이라는 저서에서는 문화를 ‘선천적인 공동체감각’이라는 말로 표현합니다. 나중에 살펴보게 될 ‘공

동체감각'이란 개념에 근거해 아들러는 프로이트와 다른, 인간 본성과 세계를 보는 관점을 갖게 된 겁니다.

🌿 애정욕구의 실체

아들러는 〈아이의 애정욕구〉(1908년)란 논문에서 인간은 누구나 내재적으로 애정욕구를 갖고 있다고 주장합니다. 이 욕구는 '만지고 보고 듣는' 생물학적 욕구와 상호 작용한다고 보았습니다.

"애정욕구는 아주 이른 나이에 나타난다. 아이들은 응석을 부리고 칭찬받기를 원한다. 사랑하는 사람 곁에 있길 원하고, 같은 침대에서 자고 싶어 하고, 안기려고 한다. 이 욕구는 나중에 애정으로 가득한 인간관계를 지향하도록 만드는데 거기서 가족사랑, 우정, 공동체감각, 사랑이 싹튼다.

아이의 발달은 이 욕구를 적절히 이끌어냄으로써 이뤄진다⋯⋯ 선천적 충동이 충족되기 전에 아이 스스로 문화적으로 행동할 수 있도록 우회시켜야 한다. 그럼으로써 애정을 갈구하는 방식과 목적을 한층 더 높은 수준으로 끌어올릴 수 있다. ⋯⋯그러나 만약 아이가⋯⋯인내심을 배우지 못하고 원시적인 만족을 얻는 데 그친다면 아이의 욕구는 여전히 직접적이고 감각적인 욕구로 향할 것이다."

공격욕구가 훗날 선천적인 공동체감각으로 대체되고 문화에 의해 사회적으로 유용하게 바뀌듯, 애정욕구도 그대로 충족시켜 줄 것이 아니라 '문화적으로 행동하자'는 생각을 갖게끔 보다 높은 수준으로 이끌어주면 아이는 순수한 공동체감각을 배우게 된다는 것입니다.

아들러는 아이를 응석받이로 키우는 것을 강하게 비판합니다. 아이가 응석을 부리고 칭찬받고 싶어 해도 그 요구를 그대로 인정해서는 안 된다는 겁니다. 아이를 응석받이로 만들 수 있기 때문입니다. 아이의 애정욕구가 잘못된 방향으로 흘러가지 않도록 바로잡아줘야 한다는 것이지요. 이때 바른 방향을 제시해주는 것도 역시 공동체감각이라는 것입니다.

아들러가 공격욕구와 함께 애정욕구를 인간을 움직이는 에너지로 보았다는 점에서, 인간을 움직이는 힘을 리비도 한 가지로 한정한 프로이트와 차이를 보입니다. 이 같은 아들러의 발상이 처음부터 비약적인 이론으로 이어지지는 못했지만, 공격욕구와 애정욕구의 개념을 제시하는 선에서 아들러는 공동체감각이란 개념을 구상했던 것입니다.

🌿 프로이트를 흔들어라

아들러는 1908년 자신이 주장한 공격욕구의 개념을 20여 년 뒤 새롭게 설명합니다.

"과거에 나는 모든 인간은 늘 공격 상태 속에 있다고 생각했다. 경솔하게도 이 태도를 공격욕구라고 불렀다. 내가 다루는 것은 욕구가 아닌 인생의 과제를 대하는 태도다. 성격은 대인관계와 깊은 연관이 있는데 인생의 수많은 역경에 어떤 식으로 의미부여를 하는지에 따라 성격이 달라진다는 것을 나는 알았다."

그의 관심이 욕구에서 '의무부여'와 '대인관계'로 옮겨가면서 아들러는 한때 학문적 동지였던 프로이트에게서 결정적으로 등을 돌리고 맙니다.

아들러는 〈기관열등성의 연구〉(1907년)에서 신체적 장애를 가진 사람은 보상이나 과보상을 경험한다고 지적하는데 그치지만 1910년에 발표한 논문 〈인생과 신경증에 있어서 심적 양성구유현상〉에서는 한 걸음 더 나아갑니다.

"(신체적 장애 같은) 기관열등성이라는 객관적인 현상은 때로 주관적인 열등성을 낳는다. 아이의 자립을 방해하고 의존하려는 성향을 키우는데, 그것이 평생 동안 이어지기도 한다. 이런 현상은 아이가 어른과 대면하면서 자신이 약하다는 걸 느끼는 데서 시작된다. 의존하고 사랑받으려 하고, 생리적·심리적으로 기대고 종속되려는 욕구는 그렇게 생기는 것이다. 어린 시절 주관적으로 느낀 기관열등성은 그런 경향이 훨씬 강하다. 어려서 힘이 없다는 생각이 강하면, 의존심이 커지고 공격 억압과 그에 따르는 불안으로 이어진다."

아들러의 관심은, 객관적 열등성에서 비롯된 주관적 열등감과 함께 아이가 어른과 대면하면서 갖게 되는 무력감까지 아우릅니다. 성적 욕구를 강조하는 프로이트의 영향에서 벗어나 신경증의 기초가 되는 열등감에 주목한 결과이지요. 게다가 성적 욕구를 대신하는 개념까지 제시함으로써 프로이트의 심기를 거스릅니다. 그뿐이 아닙니다. 심리적 고통의 원인을 과거의 경험과 객관적인 사실에서 찾으려고 했던 프로이트 이론과 전혀 다른 '목적론'을 주장함으로써 프로이트의 이론체계를 위협합니다.

🌿 심리학은 개인에서 출발한다

결국 아들러는 프로이트와 한바탕 이론적, 인간적 갈등을 겪은 뒤 그를 떠나 1912년에 자유정신분석협회를 설립합니다. 명칭에서 느껴지듯 아들러가 여전히 프로이트의 영향을 받고 있다는 것을 알 수 있는데 이듬해에는 '개인심리학회'로 명칭을 바꿉니다. 개인심리학은 독일어로 Individualpsychologie인데, 이때의 개인individual이란 말에는 '나눌 수 없는 존재'라는 속뜻이 있습니다. 다시 말해 개인을 '분할할 수 없는 전체'로 받아들인 것이지요.

　아들러가 이 명칭을 선택한 것은 개인의 통일성unity과 개인의 독자성uniqueness에 관심이 많았다는 것을 보여줍니다. 일반적인 인간이 아니라 피가 흐르는 몸뚱이, 즉 바로 눈앞에 있는 '이 사람'에 주목한 것이지요.

〈개인심리학 잡지〉창간호에서 편집장 칼 푸르트뮐러는 이렇게 말합니다.

"개인심리학이라는 명칭은, 심리적인 과정과 그 표현이 개개의 문맥에서 이해되어야 하고 모든 심리학적 통찰은 개인에서 시작되어야 한다는 확신을 표현하려는 의도에서 붙여졌다."

아들러는 개인심리학에서 두 가지를 추구했습니다. 개인심리학은 '영원한 상에 있어서'$^{sub\ specie\ aeternitatis}$(만물의 본질은 영원한 진리라고 본 스피노자의 철학용어)여야만 한다는 것, 다른 하나는 모든 사람이 이해할 수 있는 것이어야 한다는 것입니다.

제2장부터는 아들러가 개인심리학에서 추구한 두 가지 의미와 아들러 심리학을 구체적으로 살펴보려고 합니다.

제2장

인생의 목적을
먼저 생각하라

우리가 사는 세상은 똑같지 않다

우리 모두가 동일한 세상에서 살고 있는 것은 아닙니다. 우리는 각자가 의미를 부여한 세상에서 살고 있을 뿐입니다. 어린 시절의 불행했던 경험도 어떻게 의미를 부여하느냐에 따라 상황 해석이 완전히 달라집니다.

어떤 사람은 자신이 겪은 불행이 자신과는 무관한 일이기 때문에 앞으로 얼마든지 피해갈 수 있다고 생각합니다. 불행한 일이 다시 일어나지 않도록 노력해서 자신의 아이들은 더 나은 상황에서 지낼 수 있어야 한다고 생각하지요.

그러나 똑같은 경험을 한 다른 사람이 이렇게 말할 수도 있을 겁니다. "인생은 불공평하다. 다른 사람들은 늘 일이 술술 풀리는데, 나만 왜 이 모양이지? 세상이 내게 이토록 혹독한데 왜 나는 다른 사람들을 잘 대해야 하지?"

자녀를 둔 부모라면 이렇게 말할 수도 있겠지요. "내 어린 시절은 힘들었지만 잘 극복해냈다. 내 아이도 그래야 한다." 이와 다르게 "어린 시절을 불행하게 보냈으니까 무슨 일을 저질러도 나는 용서받아야 한다"는 식으로 생각하는 사람도 있을 겁니다.

이렇게 사람들의 생각을 들어보면 그들이 인생에 어떤 의미를 부여해 어떻게 행동하고 있는지 알 수 있습니다. 그 말은 인생을 해석하는 시각을 바꾸면 행동도 바뀌지만, 시각을 바꾸지 않으면 우리의 행동은 결코 바뀌지 않는다는 의미입니다.

어린 시절을 해석하는 방식은 사람마다 저마다 다릅니다. 개인 심리학이 '결정론'과 다른 점이 여기에 있습니다. 여기서 결정론이라는 말을 사용한다는 데 주목해야 합니다. 어떤 사건이 원인이 되어 반드시 어떤 상황에 이른다고 생각하는 것을 결정론 혹은 원인론이라고 하지요. 아들러는 어떤 경험도 그 자체로는 지금의 성공 혹은 실패를 좌우하지 않는다고 봤습니다. 자신이 경험한 소위 트라우마라는 충격 때문에 지금의 고통을 받는 게 아니란 겁니다. 다양한 경험 가운데 나의 의도에 맞는 것, 내가 받아들이기에 적합한 것을 찾아내 의미부여를 할 뿐이라는 겁니다.

경험 자체가 아니라 경험에 부여한 의미에 따라 우리의 인생은 결정됩니다. 따라서 특정 경험을 앞으로 살아나갈 인생을 위한 기초로 받아들이면 자칫 잘못을 저지르게 될 수도 있지요. 의미는 상황에 따라 정해지는 게 아닙니다. 상황에 어떤 의미를 부여하느냐에 따라 상황이 정해지는 겁니다.

아들러는 원인론과 반대되는 목적론을 지지합니다. 그는 트라우마에 관해 설명하면서 "경험한 것 가운데 내가 의도하는 바에 맞는 것을 우리는 찾아낸다"고 말합니다. 대체 무슨 의미일까요? 자기 목적에 맞게 경험을 받아들인다는 말입니다. 똑같은 경험을 하고서도 우리 모두가 똑같아지지 않는 것도 이 때문입니다. 저마다 다른 의미를 부여하기 때문이지요. 과거의 경험만 그런 게 아닙니다. 눈앞의 상황까지도 각자 다르게 받아들입니다. 지금부터는 아들러가 채택한 목적론에 대해 살펴보겠습니다.

🌿 모든 선택은 내 의지였다

인간은 외부 자극이나 환경에 단순히 기계적으로 반응하지 않습니다. 자연재해나 사건·사고를 직접 당했을 때는 말할 것도 없고, 가족이나 친지가 상처를 입거나 목숨을 잃었을 때 누구나 큰 영향을 받지만 모든 사람이 똑같이 받아들이는 건 아닙니다. 마음에 상처를 입어 오래도록 아파하는 사람이 있는가 하면 곧 충격에서 벗어나 재기하는 사람도 있지요. 결론적으로 외부 작용에 어떻게 반응할 것인가는 우리 스스로 결정할 수 있다는 것입니다. 사람은 행위자^{actor}이지 결코 반응자^{reactor}가 아니란 말이지요.

모든 행위에는 어떤 의도나 목적, 목표가 있기 마련입니다. "왜 이 일을 했는가?"라고 물을 때는 행위의 의도나 목적, 목표를 알기

위해서입니다. 행위의 원인을 알려는 게 아닙니다. 물론 어떤 원인이 행위를 설명해주는 하나의 요소가 될 수는 있지만 원인이 같다고 똑같은 반응과 행동이 이뤄지는 것은 아닙니다.

어떤 살인자에게 왜 사람을 죽였냐고 묻자 "가난했기 때문에"라고 답했습니다. 하지만 가난하다고 모든 사람이 살인을 저지르는 건 아니지요. "대화를 하다가 화가 나는 바람에 욱해서 죽이고 말았다"고 말하는 이도 있지만 이런 핑계는 아무도 납득시키지 못합니다. 가난이나 욱하는 성질이 살인을 저지르게 할 수도 있겠지만 그것만으로 그 사람의 행위를 전부 설명할 수는 없습니다.

원인만으로 행위의 모든 것을 설명할 수는 없습니다. 더군다나 인간의 자유의지는 원인을 비껴갈 수도 있습니다. 어떤 행위는 다른 누구도 아닌 바로 나 스스로 선택한 것입니다. 뭔가를 선택 할 때 우리는 자기 의지에 따라 행동하는 겁니다. 다른 누구, 어떤 것에 의해 선택한 것이 아니라는 말입니다. 목적론의 관점에서 보면, 화가 나서 큰 소리를 지르는 게 아니라 큰 소리를 지르기 위해 화를 내는 겁니다. 불안해서 밖에 나가지 못하는 게 아니라 밖에 나가지 않으려고 불안해지는 것입니다.

어떤 일을 하거나 그만둘 때는 그럴 만한 목적이 먼저 있고, 그 목적을 달성하기 위해 수단을 떠올리는 것입니다. 분노라는 감정이 뒤에서 우리를 지배하고 조정하는 게 아니라 상대가 내 말을 듣게 하려고 분노라는 감정을 사용하는 겁니다. 타인의 동정을 얻기 위해 슬픔이라는 감정을 만들어내는 것도 같은 이치지요.

마음과 신체만 놓고 봐도 그렇습니다. 어떤 목적을 달성하기 위해 우리는 신체를 사용합니다. 신체와 그것을 사용하는 나 자신은 별개입니다. 내가 뇌를 사용하는 것이지 뇌가 나를 사용하는 것은 아니지 않습니까?

아들러는 온갖 심리현상을 운동이라는 관점에서 봤습니다. 운동에는 어떤 목표가 있고 그 목표를 향해 신체는 나아갑니다. 아들러가 이런 인식에 이른 것은 어릴 때 자유롭게 움직일 수 없었던 경험과 관련이 있을지 모릅니다. 건강한 사람은 신체를 움직이는 것을 지극히 당연하게 여길 테지만 아들러는 그렇지 않았으니까요. 그래서 아들러에게 운동은 단순히 물리적인 이동이 아니라 힘겨운 현실을 헤쳐 나가는, 좀 더 나은 입장에 서기 위한 노력이기도 합니다.

🌱 인생에서 무엇이 선인가

누군가 큰 소리를 치는 데는 어떤 목적이나 의도가 있고, 그것을 이루기 위해 분노라는 감정을 만들어낸다고 앞에서 말했습니다. 그렇다면 큰 소리를 치는 사람은 왜 그런 행동을 하는 것일까요? 그 설명에 앞서 소크라테스의 역설로 알려진 명제 '누구 하나 악을 원하는 자는 없다'부터 살펴보겠습니다. 플라톤의 〈메논〉에 나오는 이 말에 즉각 반론하는 사람이 있을 겁니다.

"그럴 리가 없다. 악을 원하는 사람은 분명히 있다. 부정을 저지르는 사람을 보라. 살인자는 또 어떻게 봐야 하는가?"

그런데 이렇게 생각할 수도 있지 않을까요? 그들에게는 부정이나 살인이 선善이라고 말입니다. 물론 이때의 선에 도덕적 의미는 없습니다. 그저 '~을 위해서'라는 의미만 있지요. 살인이 나 자신을 위하는 행위인지는 좀 더 따져봐야겠지만, 적어도 사람을 해치던 당시에는 그것이 나를 위한 것, 즉 선이라고 판단했을 수도 있습니다.

살인 같은 극단적인 예는 제쳐두더라도, 지금 먹어서는 안 되는 간식도 마찬가지지요. 치료나 다이어트를 위해 철저히 식이요법을 해야 할 사람이 허기를 지우기 위해 뭔가를 양껏 먹는 것은 결코 선이 될 수 없습니다. 결과적으로는 나를 위한 일이 아니니까요. 하지만 간식을 먹을 당시에는 먹는 게 선이라고 판단했을 것입니다. 이처럼 사람이 어떤 행위를 할 때는 그 일이 나에게 선이라고 판단했기 때문입니다. 그 선이 바로 행위의 목적 혹은 목표인 셈이죠.

🌱모든 행위에는 목적이 있다

이처럼 선을 추구하는 행위는, 우리의 의지 그러니까 자유의지를 따르는 것이라고 아들러는 말합니다. 마음먹은 것과 다르게 행동을 했다거나, 신체적 욕구에 굴복해, 해서는 안 되는 행동을 했다는 말은 받아들이지 않았습니다. 아들러는 인간을 더 이상 나눌 수 없는, 전체로서 통일된 존재로 보았기 때문에 인간을 마음과 신체, 감정과 이성, 의식과 무의식으로 나누는 이원론에 반대했지요. 아들러는 프로이트와 달리 무의식을 의식에서 떨어져 나온 독립된 작용으로 보지 않았습니다. 의식과 무의식은 얼핏 모순되는 것처럼 보이지만 상보적이고 상호 협력적이라는 것이지요.

자유의지에 따라 행동한다고 했을 때 그 의지의 첫걸음은 스스로 내딛는 것입니다. 그렇게 하는 것이 나에게 선이라고 판단했기 때문이지요.

여기서 소크라테스 얘기로 다시 돌아가 보겠습니다. 소크라테스는 사형 판결을 받고 형이 집행될 때까지 감옥에 갇혀 있었습니다. 아테네 사람들은 그러는 것이 선(좋다)이라고 생각했습니다. 소크라테스 자신도 마찬가지였습니다. 탈옥하는 게 낫다고 판단했다면 일찌감치 해외로 도망쳤을 것입니다. 나를 위하는 것, 즉 선이야말로 그의 행동의 진짜 원인이고 그 외의 것들은 부차적인 원인에 지나지 않았던 거죠.

아리스토텔레스는 조각을 예로 들면서 원인론을 이렇게 설명합니다. 청동, 대리석, 점토가 없으면 조각은 완성되지 않습니다. 이것을 소재인(무엇으로 이뤄져 있는가)이라고 합니다. 대리석이 눈앞에 있어도 그것을 조각할 사람이 없다면 조각은 완성되지 못합니다. 이것을 작용인(행위가 거기서 시작된다)이라고 하지요. 조각가는 상을 조각할 때에 먼저 무엇을 만들지 머릿속에 떠올립니다. 조각으로 무엇을 표현할지 생각하는 것인데 그 가상 이미지를 가리켜

형상인(무엇인가)이라고 했습니다. 하지만 이것들만으로 조각이 완성되는 것은 아닙니다. 무엇보다 조각가가 조각상을 만들겠다는 생각이 있어야 합니다. 혼자 보며 즐기려는 것인지, 돈을 벌려는 것인지. 이렇게 어떤 목적을 위해 조각상을 만드는 것, 이것을 목적인이라고 하는데 선으로 바꿔 부를 수 있습니다.

아들러도 주요 원인으로 목적을 생각했습니다. 다른 원인들은 모두 목적에 종속된다고 생각했습니다. 어떤 행위에 대하여 '왜?'라고 물을 때, 아들러가 사용한 '원인'이란 말은 물리학이나 과학적 인과법칙 차원에서 사용한 게 아닙니다. 뇌나 신체 장기의 생리적·생화학적 상태와 변화는 심신증의 '소재인'이긴 하지만, 목적론의 입장에서 보면 이것이 직접적으로 증상을 일으키는 건 아니라고 보았습니다.

뇌경색이 일어나면 신체적 장애가 발생합니다. 하지만 재활에 힘을 쏟으면 한두 걸음이라도 걸을 수 있게 됩니다. 재활 훈련을 하는 것은 다른 누구도 아닌 자기 자신이 그것을 '선'이라고 판단했기 때문입니다. 바로 그 선이 행동의 목적이 됩니다. 며칠 밤을 새운 탓에 더 이상 공부할 수 없다고 생각하는 것조차 그것이 선이라고 판단했기 때문입니다. 비록 나중에 후회하게 되더라도 말입니다.

인과법칙에 속지 않기

어떤 사람이 시험 전날 공부를 다 마치지 못한 상태에서 잠이 들었다면 그 사람은 그것을 선이라고 생각했기 때문입니다. 밤새워 공부해봤자 좋은 점수를 받지 못할 게 뻔한 상황이라면 말이죠. 그러고는 "최선을 다했지만 밀려오는 수마에 그만 무너지고 말았다"느니 "그때 잠들지 않으면 좋은 점수를 받았을 텐데"라며 구차한 변명을 늘어놓겠지요. 다른 사람에게는 물론 자기 자신에게도 그러는 겁니다. 모든 책임을 신체에 전가함으로써 나쁜 성적을 받게 된 현실에서 도망치려는 것이지요. 열심히 공부해봤자 좋은 성적을 받지 못할 것 같은 현실과 직면하고 싶지 않은 것입니다.

자기 자신은 왜 이런 행동을 했는지 그 목적을 잘 알지 못합니다. 대부분의 경우 본인도 자신의 행동 목적을 알지 못하기 때문에 왜 그렇게 행동했는지 따지는 건 무의미하지요. 하지만 상담을 하다보면 알지 못했던 혹은 이해되지 못했던 무의식이 의식화됩니다. 그 전까지는 원인론으로만 자신의 상태나 행동을 이해합니다. 다른 관점이 존재한다는 것조차 알지 못하지요. 이를 테면 시험 전날인데도 잠이 와서 잤다고 생각하는 건 원인론으로만 자신의 행동을 이해하는 것인데, 실제로는 열심히 공부해도 좋은 성적을 받지 못하는 현실을 직면하지 않으려는 목적이 있었기 때문에 잠에 져버리는 것이지요.

인간은 자신의 행동을 정당화하기 위한 근거를 사후事後에 떠올리기도 합니다. 학교나 회사에 가기 싫은 사람은 정말로 가지 않아도 되는 이유, 누가 봐도 인정할 만한 그럴 듯한 이유를 찾아냅니다. 전날 잠을 못 잤다고 말할 수도 있고, 복통이나 두통을 호소하기도 하지요.

만약 아이가 이런 증상을 호소한다면 어떻게 해야 할까요? 억지로 학교에 보낼 수는 없을 겁니다. 흥미로운 것은, 학교에 가지 않아도 된다는 것을 확인하는 순간 아이의 증상이 감쪽같이 사라질 수 있다는 겁니다. 아이가 거짓말을 했다는 얘기가 아닙니다. 실제로 배나 머리가 아팠지만 더 이상 그 증상이 필요치 않기 때문에 사라진 것입니다. 아이는 '학교에 안 가겠다'는 목적을 먼저 세우고 그것을 가능케 하는, 즉 부모를 납득시키는 데 필요한 증상을 만들어내는 것입니다. 살인자가 자신의 가난이나 불같은 성격을 핑계로 대는 것과 같은 이치입니다. 사람을 죽이겠다는 목적을 먼저 세우고 나중에 그것을 정당화시킬 만한 이유를 생각해내는 것도 마찬가지 경우이지요.

아들러는 어떤 일이나 상황을 상정해 놓고 그 원인에 대해 설명하는 것을 '겉으로 보이는 인과법칙'이라고 표현했습니다. '겉으로 보인다'는 말은 실제로는 그렇지 않은데 마치 인과관계가 있는 것처럼 보인다는 의미입니다.

아들러는 이런 예를 듭니다. 주인 곁에서 산책하도록 훈련받은 개가 어느 날 차에 치였습니다. 다행히 목숨은 건졌지요. 다시 건강을 회복한 개는 주인과 산책을 나가지만 사고 현장에만 가면 웅크린 채 꼼짝도 하지 않습니다. 그곳에 가까이 가려고도 하지 않지요. 사고를 당한 게 장소 탓이지 자신의 부주의나 경험 부족 때문은 아니라고 결론 내린 것처럼 말입니다. 개의 이런 증상도 외상후스트레스장애로 볼 수 있습니다.

　저 역시도 중학교 때 교통사고를 당한 적이 있습니다. 교통사고 후 한동안 사고 장소에 가고 싶지 않았지요. 하지만 그곳을 지나지 않으면 학교에 갈 수 없어서 도저히 피해갈 방도가 없었습니다. 사고 장소 자체를 두려워할 이유는 전혀 없었는데도 말입니다.

　평소 직장에 가기 싫었던 사람이라면 이런 사고는 출근할 수 없는 정당한 이유로 작용할 수 있지요. 처음 사고 현장에 갔을 때는 불안해지고 심장이 쿵쾅거렸을 것입니다. 그곳에 다가가기만 해도 그런 증상이 계속 나타나겠지요. 그러다 보면 얼마 못 가서 집 밖으로는 단 한 걸음도 나서지 못하게 되기도 합니다. 그 사람은 밖에 나갈 수 없는 원인으로 교통사고를 떠올릴 것입니다. 그러나 그런 경험을 한 사람이 모두 그 사람처럼 되지는 않습니다. 밖에 나가지 못하는 것과 교통사고와는 전혀 인과관계가 없는데도 사고 때문이라고 생각하는 것입니다.

　만약 같은 경험을 했다고 모두가 똑같아진다면, 즉 과거의 경험이 지금의 나를 결정한다면, 지금과는 다르게 살아가도록 우리를 이끌어주는 치료도 육아도 교육도 필요 없겠지요.

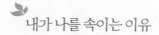

내가 나를 속이는 이유

아들러는 트라우마를 설명하면서 "우리는 과거의 경험 속에서 현재의 어떤 목적에 적합한 것을 찾아낸다"고 말했습니다. 이제 이 말이 무슨 뜻인지 충분히 이해할 수 있을 겁니다. 어린 시절이 불행했다고 생각하는 사람은 과거의 경험에서 그렇게 생각할 만한 근거를 찾아냅니다. 그게 나를 위한 일, 즉 선이기 때문입니다.

여러 경험 중에서 어떤 목적에 적합한 것을 찾아내는 것은 우리가 어떤 일에 의미부여를 하는 방식 중 하나입니다. 어떤 사람을 미워할 때 그 원인을 찾는 건 매우 간단합니다. 어떤 사람을 우유부단해서 싫다고 말하지만, 과거에는 그런 점 때문에 친절하고 독선적이지 않아서 좋다고 하지 않았나요? 성실하고 분명한 성격이라서 좋아했던 사람이 최근 들어 매사를 시시콜콜 따지는 사람으로 보이지는 않던가요? 대범하다고 생각했는데 언제부턴가 그 거침없는 태도가 무신경해 보이지 않던가요? 과연 그들에게 무엇이 달라진 걸까요?

어떤 사람과 관계를 지속하고 싶지 않을 때, 우리는 그 사람의 부족한 부분을 찾게 됩니다. 그것을 핑계 삼아서 관계를 더 이상 지속하지 못할 이유로 정당화시킵니다. 관계를 끊기 위해 결점을 찾는 마당이니 부족한 게 무엇이든 상관없습니다.

그런데 이런 설명으로는 '어떤 이유 때문에 관계를 지속할 수 없게 됐다'는 원인론적 설명은 가능합니다. 그러나 그런 이유 덕분에 관계를 맺게 된 상황은 어떻게 납득시키겠습니까? 관계를 끊기 위한 구실을 찾기 위해 원인론을 채택했다면 거기에도 분명 어떤 목적이 있을 것입니다.

목적에 맞게 과거의 경험을 찾는 상황을 설명하기 위해 아들러는 그리스의 시인 시모니데스를 예로 듭니다. 소아시아에서 강연 요청을 받은 그는 무슨 까닭에서인지 출항을 계속 연기했습니다. 항구에 그를 태워갈 배가 이미 정박해 있었는데도 말입니다. 친구들이 아무리 설득해도 헛수고였지요. 그러던 어느 날 그는 꿈을 꿉니다. 과거에 숲속에서 만난 적 있는 죽은 자가 홀연히 꿈에 나타나 이렇게 말합니다.

"당신은 경건하고 극진하게 나를 땅에 묻어주었습니다. 그 보답으로 나는 당신에게 소아시아로 가지 말 것을 충고합니다."

꿈에서 깬 시모니데스는 단호히 "소아시아에 가지 않겠다"고 말합니다. 과연 시모니데스가 그 꿈을 꿨기 때문에 그런 결정을 내린 것일까요? 그는 꿈을 꾸기 전부터 가지 않기로 마음을 정했습니다. 시모니데스 자신은 그 꿈을 꾸게 된 이유를 알지 못했지만 사실은 이미 정해 놓은 결론에 힘을 싣기 위해 일종의 감정 혹은 정서를 만들어낸 것입니다.

꿈은 잠에서 깬 뒤에 까맣게 잊기도 하는데, 그 내용이 어떤 스토리인지는 그다지 중요하지 않습니다. 그가 가지 않겠다고 결심하는 데 필요한 감정을 만들 수만 있다면 그것으로 충분한 것입니다. 그가 과거의 경험 중에서 하필 죽은 자와의 만남을 끄집어낸 것을 두고 아들러는 이렇게 설명합니다.

"항해에 대한 두려움이 그를 죽음이라는 관념에 사로잡히게 했다. 당시의 항해는 실제로 매우 위험했기 때문에 주저할 만했다. 죽은 자가 꿈에 나타난 것은 단순히 배 멀미 정도가 아니라 침몰에 대한 두려움을 암시한다. 죽음의 관념에 마음을 빼앗긴 결과, 죽은 자가 꿈속에 등장한 것이다."

꿈 때문에 시모니데스가 소아시아로 가지 않겠다고 결심한 것처럼 보이지만, 실은 가지 않겠다는 목적이 먼저 있었던 것입니다.

내게 최고의 선은 무엇일까

나의 행위는 물론 이 세상 모든 것을 목적론적 관점에서 보면 지금까지 보이지 않던 것들을 볼 수 있습니다. 그렇다면 목적론적인 관점으로 세상을 보기 위해서는 어떻게 해야 할까요? 앞서 목적론을 이야기 할 때 살펴보았듯이, 인간은 선(나를 위한다)을 지향하고 그것을 목적으로 삼는다는 관점에서 모든 행동을 보고 이해하는 것입니다. 선이야말로 사람들의 궁극적인 행동 목표이며, 그것을 실현하기 위해 부차적인 목표를 세운다고 보는 것이죠. 단, 그 부차적인 목표가 궁극의 목표를 실현하기 위한 수단이 되기도 하지만 실제로 그것이 선인가 아닌가는 별개의 문제입니다. 살인자도 부차적인 목표인 살인행위가 자기 자신에게는 선이라고 판단했을 테니까요.

아들러 심리학을 미국에 보급하는 데 공헌한 루돌프 드레이커스와 일본에 아들러 심리학을 소개한 정신과의사 노다 슌사쿠가 부적절한 행동 목적으로 꼽은 게 있습니다. '칭찬받고 싶다는 마음' '주목받고 싶다는 마음' '권력 다툼' '복수' '무능력 과시' 등이 그

것입니다. 모두 최고의 선 아래에 놓이는 부차적인 목표지요.

일례로 권력 다툼을 하는 사람은 그것이 나를 위한 일이라고 생각합니다. 그러나 실제로 그것이 나에게 도움이 되는지는 별개의 문제입니다. 타인과 권력 다툼을 벌이고 거기서 이겨 상대를 몰아내도 실질적으로는 나에게 좋을 건 없는데도 말입니다.

목적론적 입장에서 보면, 지금 상태보다 더 나은 다른 방향으로 이끄는 데 있어서 치료·교육·육아는 매우 효과적인 방법입니다. 목적론은 목적이나 목표를 미래에 두는 것이지요. 과거는 바꿀 수 없지만 미래는 얼마든지 바꿀 수 있다는 사고방식이지요. 하지만 원인론 곧 결정론은 지금 일어난 일의 원인이 과거에 있다고 단정해버립니다. 그렇게 되면 과거로 되돌아가 바로잡는 수밖에 없습니다. 지금의 문제를 해결할 다른 방법은 없습니다.

감정은 얼마든지 다스릴 수 있다

"인간에게는 도저히 어쩔 수 없는 충동이란 게 있다. 평소 냉정한 사람이라도 충동에 의해 폭언을 하거나 사람에게 상처를 입히고 심지어 살인을 할 수도 있다."

살인 사건의 용의자가 조사를 받다가 "나는 욱 하는 성격이다. 얘기를 나누다 화를 돋우는 소리를 해서 그를 죽였다"고 말했습니다. 살인 행위를 성격 탓으로 돌리며 책임을 전가하려는 것입니다. 살인처럼 중하지는 않아도, 일상생활에서 아이에게 큰 소리를 치거나 때로는 손찌검을 하는 이도 있습니다. 아들러 자신도 아장아장 걸을 무렵에 분노 때문에 기도가 수축되는 바람에 무호흡 발작을 일으킨 적이 있습니다. 그는 그 당시를 이렇게 회상합니다.

"세 살밖에 안 된 나는 그때 너무 힘들어서 다시는 화내지 않겠다고 결심했다. 그날 이후 나는 단 한 번도 화낸 적이 없다."

우리가 화를 내는 것은 내 생각을 강하게 주장함으로써 상대가 그것을 인정하도록 만들기 위해서입니다. 내 생각을 주장하는 것 자체가 문제가 되는 건 아닙니다. 다만 화를 냈을 때 자기 주장이 제대로 전해지는지는 의문이지요. 어쩌면 화를 내서 자기 말이 통했던 경험이 있었을지도 모르죠. 아마 그보다 효과적인 방법을 알았다면 그것을 선택하겠지만 화를 내는 사람은 그걸 알지 못했을 겁니다.

아들러는 분노라는 감정이 어떤 행동을 하도록 부추기는 건 아니라고 보았습니다. 다른 사람이 내 생각을 받아들이게끔 할 목적으로 만들어진 것이라 보았지요.

감정이 사람을 완전히 지배하는 건 아닙니다. 그럼에도 감정 때문에 흔들렸다, 갑자기 화가 치밀어 올랐다고 말하는 사람이 있습니다. 이런 사람은 감정을 이용해 자기 아이를 자신의 생각대로 움직이게 하려고 합니다. 그래 놓고는 "나는 원래 감정적인 사람이 아니지만 아이의 행동을 보고 화가 치밀었다"고 말합니다. 이런 사고방식도 원인론적인 해석입니다.

격정, 격노, 정열을 의미하는 passion이라는 말의 어원은 '당하다, 따르다'는 뜻의 라틴어 patior입니다. passion은 수동적인 뜻이라서 저항하기 어렵다고 생각하기 쉽습니다. 하지만 '사용의 심리학'인 아들러의 개인심리학은 인간이 감정이나 격정에 지배당하지 않는다고 보았습니다. 오히려 감정을 '사용한다'고 보았지요. 감정은 우리의 의지에 따라 나타나기도 하고 사라지기도 하니까요.

분노 때문에 행동을 하게 되고 그 감정을 거스를 수 없다면, 우리는 분노에서 자유로울 수 없습니다. 따라서 화를 내는 게 나의 주장을 전달하는 적절한 방법은 아니라는 걸 깨달아야 합니다. 효과적인 다른 방법을 찾아야 분노라는 감정을 벗어던질 수 있을 것입니다.

🌿 과거는 바꿀 수 있다

앞에서 과거는 바꿀 수 없지만 미래는 바꿀 수 있다고 말했습니다. 하지만 과거도 마음먹기에 따라 바꿀 수 있습니다. 과거에도 의미부여를 할 수 있기 때문입니다.

과거를 바꾸는 방법 중 하나는 과거를 아예 잊는 겁니다. 원칙 없이 무작정 잊는 것은 적절하지 않지만 어떤 목적을 위해 잊는 것이 더 나은 상황이라면 말끔히 잊어버리고 반대 상황을 떠올리는 겁니다. 이처럼 무엇을 기억하고 무엇을 잊을 건지 선택하는 것이 바로 의미부여입니다. 기억하기로 마음먹은 것에 대한 의미부여는 얼마든지 바꿀 수 있지요. 그것은 과거를 떠올리는 사람의 '지금'이 달라져 있기 때문입니다.

한 번은 옛 친구가 어린 시절의 추억을 이야기해준 적이 있습니다. 길거리에서 개가 자유롭게 돌아다니던 그 시절 그의 어머니는 "개는 사람이 달려가면 쫓아온다. 개가 있을 때는 절대로 뛰어서 도망치면 안 된다"고 늘 당부했습니다.

"어느 날 친구 두 명과 걷고 있었는데, 맞은편에서 개가 다가왔어. 나는 평소 엄마가 말한 대로 꼼짝도 않고 있었고 다른 친구들은 잽싸게 도망쳤지."

그런데 그날 그는 개에게 다리를 물리고 말았습니다. 그의 기억은 돌연 여기서 끝납니다. 만약 이런 일이 지금 일어났다면 개에게 물린 상황에서 이야기가 끝날 리 없습니다. 그런데 신기하게도 그 친구는 개에게 물린 뒤의 일은 전혀 기억하지 못했습니다. 그는 그 일 이후 이 세상은 위험한 곳이라고 생각하게 되었습니다. 길을 걸을 때 차가 돌진해오는 건 아닌지, 하늘에서 비행기가 떨어지는 건 아닌지, 질병에 관한 기사를 읽다가 그 병에 이미 감염된 것은 아닌지 두려워했습니다.

개에게 물린 사건 때문에 세상은 위험한 곳이라는 생각을 하게 됐다고 그 친구는 말하고 싶었을 겁니다. 하지만 목적론적 관점에서 보면 다른 해석이 가능하지요. 이 세상은 위험한 곳이라고 생각하기 때문에 과거의 무수한 기억 중에서 개에게 물린 사건을 떠올렸다고 말입니다. 이처럼 세계를 위험하다고 보는 데는 어떤 목적이 있을 것입니다.

그런데 얼마 뒤 그는 까맣게 잊고 있던 기억을 떠올렸습니다.

"개에게 물린 기억은 거기서 끊겼는데 그 뒤의 일이 생각났어. 웬 낯선 아저씨가 나를 자전거에 태우고 근처 병원으로 데려간 거야."

되살아난 기억으로 인해 개에게 물린 사실이 변한 건 아니지만 이야기는 완전히 달라지지요. 그 전의 기억은 세계가 위험한 곳이라는 생각을 뒷받침하기 위해 떠올린 것이지만, 나중에 떠올린 기억에 의해 그는 더 이상 이 세계가 위험한 곳만은 아니라고 생각하게 됩니다.

또한 남(어머니)의 말을 들어 곤경에 빠졌다고 생각하는 게 아니라 어려움에 처했을 때 다른 사람의 도움을 받았다고 생각하게 되지요. 왜 이렇게 달라진 것일까요? 그것은 세계에 부여하는 의미가 달라졌기 때문입니다. 그렇다면 과거도 마음먹기에 따라 얼마든지 달라질 수 있지 않겠습니까?

🌿 열등감 뒤에 숨어있는 목적

자기 자신에 대해서도 우리는 여러 방식으로 의미부여를 할 수 있습니다. 아들러의 경우도 하나의 사례라고 할 수 있습니다. 아들러에게는 두 살 많은 형 지그문트가 있었는데, 그는 이를 테면 아들러의 라이벌이었습니다. 총명하고 카리스마 있었던 지그문트는 유태인인 아들러 일가의 장남으로서 대접받는 위치에 있었지요. 아들러는 건강한 형과 자신을 비교하면서 마음대로 몸을 움직일 수 없었던 상황을 빌미 삼아 사람들과의 관계를 피할 수도 있었습니다. 하지만 그는 자신의 병을 건설적으로 극복하려고 노력했지요.

제가 주목하는 것은 아들러가 "모든 사람이 나를 도우려고 애썼다. 부모님은 할 수 있는 모든 것을 해주었다"고 말한 점입니다. 아들러는 타인을 적이 아니라 친구로 생각했다는 겁니다. 필요 이상으로 의존적인 성격이 될 수도 있었지만 그는 그러지 않았습니다.

아들러는 때때로 신체적 장애를 거론하면서 허약한 신체보다는 그로 인해 생기는 긴장관계가 더 문제라고 말합니다. 건강한 아이일지라도 상황에 따라서는 신체적으로 허약한 아이처럼 곤란을 겪거나 긴장한다는 것입니다. 그 아이의 생활에 실질적인 장애가 있는 것도 아닌데 본인은 다른 사람과 다르다고 느끼는 것이지요. 자신이 뒤처졌다고 생각하다 보면 자연히 열등감을 갖게 되기도 합니다. 키가 크다 작다, 뚱뚱하다 말랐다는 식으로 말입니다. 이처럼 내가 남보다 못하다고 느끼는 것도 나에게 의미를 부여하는 하나의 방식입니다.

다시 말하지만 신체적 장애가 있다고 해서 반드시 자신에게 부정적 의미를 부여하지는 않습니다. 스스로 느끼는 주관적 열등감은 어디까지나 열등하다는 '느낌' '감각'에 지나지 않기 때문에 인생에 결정적으로 불리하게 작용하지 않습니다. 그런데도 불구하고 사람들은 왜 열등감을 갖는 걸까요? 그러는 데는 어떤 목적이 있습니다.

제3장

나를 위한 라이프스타일

🌿 라이프스타일이란 무엇인가?

아들러는 세계, 인생, 자기 자신에 대해 의미부여하는 것을 라이프스타일lifestyle이라고 했습니다. 우리가 흔히 성격이라고 부르는 것이죠. 라이프스타일이 겉으로 드러나면 그게 곧 성격이지요. 성격은 대개 선천적으로 타고난다고 여겨서 바꾸기 어렵다고 생각하는데 그게 아니란 거죠. 성격을 바꾸는 게 결코 간단한 일은 아니지만 불가능한 일도 아닙니다. 그래서 이 책에서는 불가능하다는 느낌을 덜 주기 위해 성격 대신 라이프스타일이라는 말을 쓰려고 합니다.

앞 장에서 목적론을 살펴봤듯이, 사람들은 행동을 하기 전에 어떤 목적이나 목표를 세웁니다. 어떤 목표를 세울 것인가, 그 목표를 이루기 위해 어떻게 행동할 것인가 고민합니다. 사람마다 그 방식은 다르지만 인생의 목표를 지향하는 특유의 운동법칙이 있지요. 그것은 사람들과의 관계 속에서 형성되기도, 작용하기도 하지요.

사람들은 대인관계 속에서 수많은 경험을 하게 됩니다. 이렇게 하니까 원만하게 잘 풀리더라 혹은 아니더라, 하는 자기만의 경험을 하게 되지요. 그러면서 문제 해결 방식을 찾아갑니다. 그 방식이 상황에 따라 대단히 달라지는 것은 아닙니다. 상황과 대상만 달라질 뿐 대개는 일정합니다. 사람들은 그때그때 해결 방법을 찾기보다는 익숙한 방법을 따르기 때문이지요. 물론 그렇게 하면 편리하기는 하지만 융통성이 떨어져 새로운 상황에 적절히 대응하지 못하기도 합니다. 아무튼 이런 운동법칙은 사람마다 템포, 리듬, 방향이 다 다릅니다. 라이프스타일 역시 마찬가지입니다.

🌿 내 삶에 의미부여하기

인생을 살면서 맞닥뜨리는 문제에 어떤 식으로 대처할 것인가? 이 물음은 라이프스타일, 다시 말해 우리가 사는 세계와 자기 자신에 대해 어떻게 의무부여를 하는가와 깊이 연관돼 있습니다.

예전부터 호감 가는 사람이 있다고 합시다. 그 사람과 단 둘이 있을 기회가 오면 당연히 말을 건네고 싶겠지요. 마침 그 사람이 이쪽으로 걸어옵니다. 그가 스쳐 지나가는 순간 용기를 내 말을 건네려 하는데, 그가 외면해 버리고 맙니다.

이럴 때 당신이라면 어떻게 생각했을 것 같습니까? 많은 사람들은 그 사람이 자기를 피한 것 같다고 대답했습니다. 모든 답이 똑같은 건 아니었습니다. 눈에 먼지가 들어갔을지 모른다, 그 사람도 마찬가지로 호감이 있어서 부끄러워 시선을 돌렸다, 라는 답이 돌아왔습니다. 미처 못 봐서 그런 거니까 당장 불러 세우겠다고 말한 사람도 있었습니다.

가장 많은 사람이 답한 '나를 피했다'는 반응에 저는 관심이 갑니다. 아마도 그런 대답을 한 사람들은 자신을 낮게 평가하는 사람일 가능성이 높습니다. 이런 사람은 자신을 외면한 사람을 우호적으로 보지 않기 때문에 비난하게 되지요. 좀 더 마음이 약한 사람이라면 이 세상을 무서운 곳이라고 생각할지도 모릅니다.

현대 아들러 심리학에서는 라이프스타일을 세 가지 개념으로 나눠 정의합니다.

1. 자기개념
2. 세계상
3. 자기이상

자기개념은 내가 어떤 방식으로 존재하는지 의미부여를 하는 것입니다. 이를 테면 2장에서 살펴본 것처럼 다른 사람들이 미인이라고 인정해줘도 정작 본인은 그렇지 않다고 말하는 사람, 실제로는 말랐는데도 뚱뚱하다고 생각하는 사람, 자기 곁을 지나면서 외면한 사람을 두고 나를 피했다고 생각하는 사람이 있지요. 이들은 나 자신이 모든 사람에게 관심을 받는 존재라고 의미부여를 하는 부류지요.

세계상은 세상이 나에게 어떤 곳인지 의미부여를 하는 것을 말합니다. 예컨대 세상을 위험한 곳이라고 생각하는 사람이 있고, 안전한 곳이라 생각하는 사람이 있습니다. 주위 사람들을 나를 돕는 친구라고 여기는 사람이 있는가 하면, 나를 무너뜨릴지 모르는 적이라고 보는 사람도 있지요.

자기이상은 내가 마땅히 그래야 하는 어떤 모습을 말하는데, 이 또한 여러 가지가 있습니다. 나는 뛰어나야 한다, 나는 사랑받아야 한다는 식으로 자기 자신에게 의미부여를 하는 것도 하나의 사례이지요. 어떤 목표를 설정해놓고 그것을 추구하는 것도 자기이상과 관련이 있습니다. 자기이상은 그 자체가 목표이기도 하지만 더 높은 목표를 달성하기 위한 수단이 되기도 합니다.

라이프스타일에서 볼 수 있는 미래

인간은 어디에서 왔는가? 이 물음에 매달리다 보면 그 사람이 어떤 행동을 하게 될지, 어떻게 살아갈지 예측하기 어렵습니다. 반면 '인간은 어디로 가는가'를 고찰하다 보면 그 사람이 어느 쪽으로 발을 내딛을지, 목표를 향해 나아가기 위해 어떤 행동을 취할지 예측할 수 있지요.

목적론은 '어디서' 왔는지가 아니라 '어디로' 가는지에 주목합니다. 어디로 향하는지 알면 어떤 행동을 하게 될지 미루어 짐작할 수 있으니까요. 그 사람의 라이프스타일을 알면 얼마든지 가능한 일입니다.

예컨대 '인간은 누구나 남의 실수를 비웃는다'는 세계상을 가진 사람은 어려운 일을 앞두고 긴장합니다. '1등 아니면 안 된다'는 자기이상을 가진 사람이라면 시험이 어려울 때 아예 포기할 수도 있다는 것쯤은 충분히 예상할 수 있지요. 나를 사랑하지 않는 사람은 어떨까요? 남도 나를 사랑할 리 없다고 생각할 가능성이 크지 않겠습니까? 누군가 고백을 해도 그저 농담일 거라고 생각합니다.

이런 사고방식을 가진 사람도 목표를 미래에 두고 나와 세계에 다른 의미부여를 하면 앞으로의 인생은 얼마든지 달라질 수 있습니다.

"개인심리학은 두 가지 의미에서 '예언적'이다. 무슨 일이 일어날지 예언할 뿐 아니라 구약성경의 예언가 요나처럼 앞으로 일어날 일을 일어나지 않게 예언할 수도 있기 때문이다."

아들러의 말에서 짐작할 수 있듯이 그는 치료보다는 예방이 중요하다고 강조했는데, 라이프스타일을 알면 어떤 일이 일어나기 전에 막을 수 있다고 생각했기 때문입니다.

내 인생을 바꾸는 출발점

라이프스타일은 나와 세계에 의미부여를 하는 방식이라고 했는데, 달리 말하면 자기 자신과 이 세상을 어떤 관점으로 봐야 하는지 결정하는 방식이기도 합니다.

아들러의 비서였던 펠드만은 아들러가 세상을 떠나자 아들러의 아내에게 흥미로운 부탁을 합니다. 아들러가 생전에 쓰던 안경을 물려받고 싶다고 한 겁니다. 그 이유를 묻자 펠드만은 이렇게 말합니다.

"아들러가 봤던 것처럼 인생을 보고 싶습니다."

라이프스타일은 안경이나 콘택트렌즈와 같습니다. 그것을 통해 우리는 자신과 세계를 바라봅니다. 안경을 쓴 채 안경을 찾을 때가 있듯이 우리는 자신의 라이프스타일로 이 세상을 보고, 생각하고, 느끼고, 행동하면서도 그것을 알아차리지 못할 때가 많습니다. 그러고 보면 라이프스타일을 바꾸는 게 쉬운 일이 아닌 건 분명합니다.

라이프스타일이 뭔지도 모르는 상황에서 그것을 바꾸겠다고 생각하는 것은 애당초 불가능합니다. 따라서 라이프스타일 혹은 선입견이 덧입혀진 상태에서 세상을 보고 있다는 것을 의식하는 것이야말로 라이프스타일을 바꾸는 출발점이라고 할 수 있습니다.

내 성격은 내 선택이다

라이프스타일의 속성이 이렇다 보니 우리는 같은 세상에 살고 있어도 같은 세상에 살고 있는 게 아닙니다. 우리는 동일한 세계가 아니라 각자가 의미부여한 각자의 세계에서 살기 때문입니다. 하다 못해 부모가 자녀들을 똑같이 대해도 아이는 부모의 관심과 사랑이 다르다고 푸념합니다. 아들러의 말을 인용해보겠습니다.

"같은 가정의 자녀들은 동일한 환경 속에서 성장한다고 흔히 착각한다. 공통점이 많을 테지만, 아이의 정신적인 상황은 저마다 다르므로 아이들이 느끼는 상황도 모두 다르다."

객관적으로 봐서 차이가 현저하게 눈에 띄지 않는데도 아이는 어린 시절 자신의 상황이 매우 달랐다고 해석합니다. 때로는 현실과 정반대되는 의미부여를 하기도 하지요. 이렇게 한 가정에서 나고 자랐어도 라이프스타일이 제각각인 것은 아이들 스스로 다른 라이프스타일을 선택했기 때문입니다.

아이는 2세 무렵에 라이프스타일을 인식하며 늦어도 5세에는 그것을 선택합니다. 충분히 언어를 구사하지 못하는 어린 시기에 라이프스타일을 선택하기 때문에 그 선택에 책임을 묻는 것은 적절치 않습니다. 하지만 자신의 라이프스타일을 인지하게 된 후에는 전적으로 본인에게 책임이 있습니다. 내가 어떤 라이프스타일을 갖고 있는지 알고 난 후에는 그것을 어떻게 할 것인지 스스로 정할 수 있고, 정할 수밖에 없으니까요.

현대 아들러 심리학에서는 10세 전후에 라이프스타일을 선택한다고 봅니다. 이보다 이른 시기에 겪은 큰 사건, 이를 테면 질병, 부상, 이사 같은 것을 어렴풋이 기억은 하지만 언제 있었던 일인지 정확히 떠올리지 못하지요. 따라서 라이프스타일 형성에 큰 영향을 주지는 않습니다.

라이프스타일을 선택할 때는 여러 영향을 받는데 유전적 요소를 비롯해 환경, 형제관계, 친자관계, 나아가 내가 살고 있는 시대나 사회·문화와도 깊은 관계가 있습니다. 그래서 모든 책임을 아이에게 물을 수는 없지요.

우리는 자유의지에 따라 어디로 향해 나아갈지 결정합니다. 아들러는 이를 '창조력'이라는 개념으로 설명합니다. 인간은 외부 자극이나 환경, 혹은 과거의 사건에 기계적으로 반응하지 않는다는 것이지요. 라이프스타일에 영향을 미치는 요인들이 지금의 우리 모습을 결정한 건 아니란 말입니다. 그 요인을 소재로 삼아 어느 방향으로 나아갈 것인지는 나 자신이 정하는 것입니다. 우리 각자는 자신이 놓인 상황 속에서 다른 사람과는 다른 결단을 내린다고 본 것입니다.

여기서 한 가지 유의할 점은 유형을 둘러싼 문제입니다. 심리학에 관심 있는 사람이면 자신의 성격이 어떤 유형인지 궁금해 하지요. 혈액형으로 보는 성격이니 점성술이니 하는 것들이 인기를 끄는 것도 그 때문입니다. 그것을 통해 자기 자신을 좀 더 알려고 하고, 다른 사람과의 궁합이 어떤지 알려고 하는 겁니다. 그러나 아들러는 라이프스타일을 놓고 봤을 때 어떤 유형에 개인을 맞춰서는 안 된다고 지적합니다. 아들러는 우리 인간을 유형별로 구분 짓는 것을 두고 법칙정립적[nomotbetic]이기보다는 개성기술적[idiographic]이라고 말합니다. 어려운 표현인데, 간단히 말하면 개인을 어떤 유형으로 나누는 것을 근본적으로 허용할 수 없다는 것입니다.

아들러도 라이프스타일이나 성격을 몇 가지 유형으로 나누기는 했습니다만 개인의 유사성을 이해하기 위한 수단으로 이용했을 뿐입니다. 유형 나누기와 심리학 이론은 그저 현실을 설명하기 위한 것이니까요. 그러니 아이를 교육하면서 심리학을 융통성 없이 일반적인 규칙으로 적용해서는 안 됩니다.

라이프스타일을 결정하는 요소

라이프스타일은 자기 자신이 선택하는 것이라고 했지만, 아무것도 없는 백지상태에서 선택하는 것은 아니지요. 분명히 라이프스타일을 결정할 때 영향을 미치는 요인은 있습니다. 그게 무엇이고, 어떤 식으로 영향을 미치는지 살펴보는 건 매우 의미 있는 일입니다. 또한 내가 선택한 것과는 다른 선택지가 있다는 것을 깨닫는 것, 그것은 라이프스타일을 바꿀 때 반드시 전제되어야 하는 일이기도 합니다.

유전이 모든 걸 결정하는 건 아니다

먼저, 라이프스타일에 영향을 미치는 유전을 살펴보겠습니다. 아들러는 유전을 그다지 중요하게 생각하지는 않았습니다. 아들러의 교육론에서 다시 살펴보겠지만, 교육에서 가장 큰 문제는 아이 스스로 한계를 느끼는 것입니다. 아이가 어떤 것에 관심을 갖게 되면 지적 능력이 발달합니다. 그런데 아이가 자신에게 '무엇이 주어졌는지' 지나치게 주목하다 보면 자기 능력에 한계가 있다는 것을 알게 됩니다. 그럴 때 유전을 탓하게 되지요. 하지만 아들러는 말합니다.

"중요한 것은 무엇을 유전으로 받았는지가 아니라 어린 시절 유전으로 받은 것을 어떻게 사용했는가다."

아들러 심리학은 '소유의 심리학'이 아니라 '사용의 심리학'이라고 부르는 데서 알 수 있듯이 유전의 영향에 큰 의미를 두지는 않습니다. 아이의 생활에 중대한 지장을 초래하는 신체적 장애(기관열등성)는 라이프스타일 형성에 큰 영향을 미치지만, 그럼에도 불구하고 어떤 자세로 인생을 살아갈 것인지는 아이 스스로 결정한다는 겁니다.

아들러는 어린 시절 구루병을 앓았던 경험을 이렇게 말했습니다. "중요한 건 내 경험 자체가 아니라 그것을 어떻게 받아들여 내것으로 만들었느냐다." 아들러처럼 적극적으로 장애를 이겨내고, 타인에게 의존하지 않은 채 인생의 과제에 힘쓰는 아이가 있는가 하면, 자기 스스로 해결해야 할 인생의 과제를 타인에게 떠넘기는 의존적 성향의 아이도 있지요.

무시할 수 없는 대인관계

여기서 말하는 환경은 대인관계를 가리킵니다. 형제관계와 친자관계는 라이프스타일 형성에 지대한 영향을 미칩니다. 우리가 살아가는 시대와 사회·문화로부터도 영향을 받지만 라이프스타일을 형성하는 데는 상대적으로 미미하지요. 형제순위, 친자관계, 문화 등이 라이프스타일을 선택하는 데 어떤 식으로 영향을 미치는지 자세하게 살펴보겠습니다.

형제순위

형제순위는 무엇보다 큰 영향을 미칩니다. 형제자매를 여기서는 모두 형제로 간주하겠습니다. 첫째 아이는 같은 집에서 태어난 형제보다는 오히려 다른 집의 첫째 아이와 더 비슷한 성향을 보입니다. 왜 그럴까요? 모든 부모는 자녀를 키울 때 꾸짖기도 칭찬하기도 하는데, 이것이 형제들 사이에 격렬한 경쟁관계를 만들기 때문이지요. 부모한테 꾸중만 듣는 아이가 그 점을 모를 리는 없지 않겠습니까?

형제가 몇 명인가, 성별 분포는 어떤가에 따라 아이의 성향은 제각각입니다. 형제관계, 다시 말해 '가족적 포치'가 다르면 첫째 아이라도 성향이 다릅니다. 비록 동일한 가족적 포치에서 성장했다고 해도 성향이 모두 같지는 않지요. 형제순위에 어떤 의미를 부여할지는 아이 스스로 정하기 때문입니다.

형제는 순서에 따라 각기 불리한 점이 있는데, 그것을 극복하면서 건설적인 답을 혹은 파괴적인 답을 이끌어내기도 합니다. 둘 중 어느 쪽을 선택할지는 순전히 아이에게 달려 있지요. 비록 부모가 적절한 방식으로 아이를 대해도 그것을 어떻게 받아들일지는 아이가 정하는 겁니다.

첫째 아이는 태어나면서 한동안 부모를 독점할 수 있습니다. 그러나 곧 동생에게 부모의 관심을 빼앗기지요. 부모는 첫째에게 "지금처럼 앞으로도 똑같이 너를 사랑할 거야"라고 말하지만, 실제로는 동생을 돌보는 데 시간과 애정을 더 많이 할애하게 됩니다. 그때까지 부모의 애정과 관심을 한 몸에 받으며 응석을 부리던 첫째 아이는 이렇게 '왕좌를 빼앗기는' 경험을 하게 됩니다.

첫째 아이는 잃어버린 자신의 왕좌를 어떻게든 회복하기 위해 처음엔 부모를 도우며 칭찬받을 일을 합니다. 부모의 관심을 끌려는 것이지요. 하지만 그것으로 충분히 주목을 받지 못하면 돌변하여 부모가 난감해 할 일을 저지릅니다. 번거롭게 함으로써 자신에게 주목하게 하려는 속셈이지요. 이 일이 반복되다 보면 부모의 화를 돋워 꾸중을 듣는 패턴이 만들어집니다. 이 방법이 적절하지 않다는 것쯤은 아이도 잘 압니다. 대부분의 아이는 자신이 저지른 일 때문에 부모가 화를 낼 거라는 걸 압니다. 그러면서도 왜 자신이 자꾸만 혼날 짓을 하는지는 인식하지 못합니다. 부모도 그 이유를 모르는 건 마찬가지입니다.

첫째 아이는 대개 근면한 노력형입니다. 문제를 자기 힘으로 해결하려는 경향이 있고 보수적입니다. 어릴 적에 경험했듯 동생에

상응하는 라이벌의 출현을 두려워하지요. 왕좌를 빼앗긴 경험을 했기 때문에 그런 건 아닙니다. 그 경험으로 인해 보수적인 라이프스타일을 그저 '선택'했기 때문입니다.

가운데 아이는 첫째 아이와 달리 태어날 때부터 형이 존재합니다. 태어난 뒤 한동안 부모의 주목을 받을 수는 있지만, 얼마 지나지 않아 동생이 나타나기 때문에 단 한 번도 부모를 독점할 기회를 갖지 못하지요. 그래서 부모의 주목을 받기 위해 문제행동을 할 수도 있고, 일찌감치 부모를 포기하고 다른 형제보다 이른 시기에 자립의 길을 걷기도 합니다.

막내는 형이 부모에게 들어야 했던 말을 들을 기회가 없습니다. "너는 오늘부터 형이니까 네 일은 스스로 해" 따위의 명령 말입니다. 막내에게 이런 말을 하는 부모는 없으니까요. 그래서 의존적인 아이로 성장할지 모릅니다. 힘에 벅찬 일도 자력으로 해야 한다고 생각하는 첫째 아이와 달리 능력 밖의 일이 닥쳤을 때 언제든 타인에게 도움을 청합니다.

외아들의 경우는 형제관계 속에서 심각한 갈등을 경험하지 못한 탓에 인간관계에 다소 서툴지요. 경쟁관계 없이 언제나 부모의 관심을 받으며 응석받이로 성장하기 때문에 의존적이고 자기중심적인 아이가 될 수도 있습니다. 외아들의 라이벌은 형제가 아니라 아버지인데, 어머니가 외아들의 응석을 너무 받아주면 소위 마더 콤플렉스를 갖게 되기도 합니다.

형제순위가 어떻든 아이 자신이 부모의 관심을 받아야 한다고 생각하는 데서 문제는 발생합니다. 무슨 문제가 있는지는 뒤에서 살펴볼 텐데, 문제행동을 하는 아이가 있다면 그 행동의 원인보다는 목적에 우선 주목해야 합니다. 부모의 주목을 받을 목적으로 문제행동을 하는 것이니까요. 부모가 어떤 식으로든 아이의 행동에 주목하게 되면 그 행동을 지속합니다. 결국 형제의 라이프스타일이 크게 다른 것은, 부모 본인이 자신도 모르게 경쟁을 부추기는 바람에 아이들이 부모의 주목을 받으려고 문제행동을 하기 때문입니다. 애정 부족이 그 원인은 아닙니다.

친자관계

친자관계도 형제관계처럼 라이프스타일 형성에 큰 영향을 미칩니다. 부모는 의식하지 못하지만 아이들에게 경쟁을 강요하지요. 부모들은 말 잘 듣는 아이를 이상적인 아이라고 상정해 놓고는 아이가 반발하면 꾸짖습니다. 이러한 압력이 아이의 라이프스타일 형성에 영향을 미치지 않을 수 없겠지요. 부모는 아이를 꾸짖거나 칭찬할 때 어떤 기준을 따르기 마련인데, 그 기준에 맞춰 아이들은 어떻게 행동할지 결정합니다.

그런데 가족이 추구하는 가치는 가정마다 제각기 다릅니다. 가족 중 어떤 한 사람이 주도권을 쥐고 권위적으로 뭔가를 결정하면 순순히 따르는 가정이 있는가 하면, 가족 구성원 모두가 평등하게 민주적인 대화를 통해 뭔가를 결정하는 가정도 있습니다. 각 가정에는 이러한 룰이 있고 가족들은 무의식적으로 여기에 물듭니다.

다른 가정에서 태어나 자란 사람과 결혼했을 때 이 룰이 문제가 되기도 합니다. 자신에게는 너무 당연한 일이 상대에겐 당연하지 않기 때문이지요. 주말마다 가족동반 여행을 다니고 경제적으로도 어렵지 않은데 대체 뭐가 불만인지 모르겠다고 말하는 남자가 있다고 칩시다. 그는 그런 가정에서 성장해왔기 때문에 다른 가족들이 그런 것에 불만을 갖는 걸 모르는 겁니다.

🌱 아들러를 만든 친자관계

아들러가 어떤 가정에서 성장해 어떤 식으로 라이프스타일을 형성했는지 살펴보겠습니다. 알프레드 아들러는 1870년 2월 7일 유태인 가정에서 칠형제 중 둘째로 태어났습니다. 아버지 레오폴트는 비교적 유복한 곡물상이었지요. 제대로 교육받지 못해 지적 욕구는 그리 크지 않았습니다. 어머니 파우리네는 신경질적이고 허약했지만, 가업을 돕는 성실한 주부이자 어머니였습니다.

아들러에게는 두 살 연상의 형 지그문트가 있었고, 아래로 헤르민, 루돌프, 이루마, 막스, 리하르트가 태어났습니다. 앞에서 살펴본 것처럼 태어날 때부터 형이 있는 가운데 아이는 처음 몇 년 동안은 부모의 관심을 끄는 데 성공하지만 첫째와 달리 부모의 애정을 독점하는 시기가 거의 없습니다. 또 동생이 태어나면 부모의 관심은 곧 동생에게로 향합니다. 아들러의 경우도 다르지 않았습니다. 어머니는 2년 동안은 아들러의 응석을 받아주었지만, 동생이 태어나자 동생을 챙깁니다. 그 바람에 아들러의 마음은 어머니에게서 아버지로 옮겨 가게 됩니다. 이런 경험 때문에 아들러는 훗날 프로이트가 주장한 오이디푸스 콤플렉스를 부정하게 되지요.

여러 형제들 속에서 아들러의 밝은 성격은 더 밝아지는데 형 지그문트와는 그다지 사이가 좋지 않았습니다. 강력한 라이벌이었던 셈이죠. 인정받는 유태인 가정의 장남이자 두 살 위인 형의 이름과 훗날 아들러가 큰 영향을 받고도 등을 져야 했던 프로이트의 이름은 우연히 둘 다 지그문트입니다. 아들러가 혹시 형에게 가졌던 감정을 프로이트에게서도 느꼈던 건 아닐까요? 아들러는 부유한 사업가가 된 형에게 이렇게 푸념합니다.

"우수하고 근면한 형은 언제나 내 앞에, 의연히 내 앞에 있었다."

그만큼 형의 영향에서 벗어나고 싶었지요.

형 지그문트는 왜 아들러에게 라이벌로 인식되었을까요? 총명하고 주도적이던 지그문트는 장남으로서 유태인 가정에서 우위를 차지했고, 건강하기까지 했습니다. 형은 신체적 제약 없이 자유롭게 행동했지만, 구루병을 앓고 있던 아들러는 그러지 못했지요. 그 바람에 모범적인 형의 그늘에 자신이 가려져 있다고 생각했던 것입니다.

그러나 아들러가 "가족 모두 나를 돕기 위해 애썼다. 부모님은 가능한 한 모든 것을 해주었다"고 말했듯 그는 가족의 도움에 주목했고, 그것은 훗날 아들러 사상의 밑바탕이 됩니다. 아들러는 타자를 자신을 도와주는 친구로 여겼던 것입니다.

아들러는 신체적 장애를 건설적으로 극복했지만 모든 사람이 그러는 건 아닙니다. 신체적 장애를 빌미로 인생의 과제 앞에서 노력하지 않고, 스스로 할 수 있는 일을 주위 사람에게 떠맡기는 사람도 있으니까요. 인생의 과제를 회피하고, 주위 사람을 자신을 비웃는 적이라고 여기고, 이 세상을 위험한 곳이라고 생각하는 사람도 분명히 있습니다.

아들러는 아무리 기를 써도 형처럼 될 수 없다고 생각했고, 결국 의사가 되기로 결심합니다. 단 한 번도 부모의 애정을 독차지한 적 없는 '가운데 아이'로서 문제행동으로 부모의 주목을 끌 수도 있었지요. 어쩌면 일찌감치 부모에게 주목받는 걸 체념하고 자립의 길을 걷겠다고 마음먹었을 수도 있을 겁니다. 어떤 길을 선택할지는 순전히 아이 본인의 결심에 달려 있으니까요.

아들러의 형 입장은 어땠을까요. 가업을 잇는 것은 장남의 어쩔 수 없는 운명이었습니다. 지그문트는 곡물상 일로 바빴던 아버지를 돕기 위해 서슴없이 김나지움(고등학교)을 자퇴합니다. 반면 아들러는 가업에 구애받지 않고 의사가 되겠다고 마음먹지요. 형 지그문트는 그런 상황을 어떻게 받아들였을까요? 훗날 아버지의 사업이 어려움에 처하자 가족의 생계를 책임지기 위해 대학교육을 포기한 지그문트는 자유롭게 자신의 길을 가는 아들러에 대해 분노를 감출 수 없었다고 합니다.

🌿오이디푸스 콤플렉스는 틀렸다

친자관계 역시 아들러의 라이프스타일에 큰 영향을 미쳤습니다. 아들러는 어머니보다 아버지를 더 따랐습니다. 어머니가 자신보다 형 지그문트를 더 예뻐한다고 생각했던 겁니다. 아들러는 어머니를 냉정한 사람으로 여겼습니다.

"나의 첫 회상은 동생이 죽은 3세 때의 것이다. 나는 동생의 장례식을 치른 날, 할아버지와 함께 있었다. 어머니는 기력을 잃고 흐느껴 울며 묘지에서 돌아왔다. 그런데 나는 어머니가 살며시 미소 짓는 걸 보았다. 나는 매우 당혹스러웠다. 그 후 오랫동안 동생의 장례식 날 어머니가 웃은 데 화가 났다."

아들러는 '조기회상早期回想'을 설명하면서 자신의 이런 경험을 인용합니다. 조기회상이란 어린 시절의 기억을 말합니다. 아들러가 그 사건 이후 어머니에게서 깊은 분노를 느꼈다면 그 사건은 어머니와의 관계에 매우 중요한 영향을 끼쳤다고 볼 수 있습니다.

상담을 할 때 저도 의뢰자의 라이프스타일을 이해하기 위해 조기회상을 묻곤 하는데, 처음에는 당황하다가도 불현듯 떠오른 기억을 이야기합니다. 거기에서 그 사람의 라이프스타일이 분명하게 드러납니다. 수없이 많은 회상 중에서 특정한 어떤 장면이 떠오른다면, 그것은 그 사람의 현재 라이프스타일을 반영하는 것이니까요. 지금의 라이프스타일에 맞지 않는 것은 아예 떠올리지 못하는 겁니다. 물론 과거의 어느 시점에 있었던 경험이 현재의 라이프스타일을 형성했다는 걸 확인하기 위해 조기회상을 묻는 건 아닙니다.

아들러는 그 일을 계기로 아버지를 더 가깝게 느끼게 되는데, 앞에서 말한 것처럼 프로이트가 주장한 오이디푸스 콤플렉스를 의심하는 계기가 됩니다. 아들은 아버지를 미워하는 대신 어머니와 가깝게 지낸다는 그의 주장이 꼭 들어맞는 건 아니라고 생각한 것이지요. 오이디푸스 콤플렉스는 보편적인 현상이 아니라 응석받이 아이에게나 적용된다고 본 것입니다.

죽은 아이와 남겨진 형제 사이에 경쟁관계가 생기는 경우도 있습니다. 일찍 세상을 떠난 아이 뒤에 태어난 아이는 당연히 부모로부터 특별대우를 받게 되지요.

"지금은 어머니가 천사처럼 우리 모두를 똑같이 사랑한다는 걸 잘 안다. 그러나 어린 시절에는 어머니에 대해 잘못된 생각을 갖고 있었다."

아들러는 어머니를 냉정한 사람이라고 생각했지만 훗날 자신의 태도를 반성했습니다. 부모는 아이가 부당한 대우를 받는다는 오해를 하지 않도록 주의해야 하지만, 아무리 주의해도 아이의 오해를 피하기는 어려운 법이지요. 부모가 아이를 꾸짖거나 칭찬할 때

는 '가족가치'가 적용됩니다. 그 가치에 따라 아이는 자신이 어떤 태도를 취할지 결정합니다. 학력을 중시하는 부모의 가치관을 따를 수도, 부정할 수도 있지요.

아들러의 아버지는 둘째 아들인 아들러가 공부를 잘하자 변호사나 의사가 되기를 바랐고, 그는 아버지의 기대에 따르기로 합니다. 아버지는 아이들에게 최대한의 자유를 허락했습니다. 벌을 주지도 않았지만 칭찬해주는 일도 별로 없었지요. 당시 빈에서는 드문 육아법이었습니다. 아버지의 이런 육아방식은 아들러에게 영향을 미쳐 그의 교육론과 육아론에 고스란히 반영됩니다. 아들러는 권위적인 것을 싫어했고 남녀노소를 불문하고 대등하게 대했습니다. 민주적인 가족 분위기 속에서 성장한 덕분이지요.

🌿 거부할 수 없는 문화적 환경

라이프스타일 형성에 영향을 미치는 또 다른 요소로 문화를 꼽을 수 있습니다. 문화는 그 안에서 태어나고 자란 사람에게는 당연한 것들을 집대성해 놓은 것이지요. 문화의 영향을 받아 무의식중에 형성된 라이프스타일을 바꾸는 것은 쉽지 않습니다. 문화는 나도 모르는 사이에 내가 느끼고 사고하는 방식 속에 스며들기 때문입니다.

예컨대 일본에서 태어나 자란 사람은 자기 생각을 직접적으로 전달하기보다 간접적으로 표현하는 데 익숙합니다. 그러는 게 배려이자 미덕이라는 문화를 암암리에 받아들인 것이지요.

　문제는 언어에 의지하지 않고 타인의 기분이나 생각을 정확히 알면 좋겠지만, 실제로는 그럴 수가 없다는 것입니다. 난감하게도, 타인의 기분이나 생각을 알아야 한다고 말하는 사람은 남도 역시 그래야 한다고 생각합니다. 결국 내가 무엇을 생각하고 느끼는지 굳이 말하지 않아도 다른 사람들이 알아야 한다는 것인데, 사실 말하지 않는 이상 내 생각이나 느낌이 타인에게 그대로 전해질 리 만무합니다. 그럼에도 자기 생각을 알아주지 못하는 사람을 나쁘다고 말합니다. 이처럼 문화는 라이프스타일 형성에 큰 영향을 미칩니다.

　아들러는 그럼 어떤 문화적인 영향을 받았을까요? 그는 유태인 가정에서 태어났지만, 나중에 프로테스탄트로 개종합니다. 그는 종교의 가치나 중요성을 부정하지는 않습니다. 오히려 아들러 사상의 열쇠개념인 '공동체감각'은 어떤 의미에서 종교적이기까지 하지요.

　아들러의 유태교에 관한 기억은 장난기 섞인 에피소드로 가득합니다. 5세 때 가족과 함께 시나고그(유태교의 교회당)에 간 아들러는 그 분위기가 너무 지루했습니다. 기도가 끝없이 이어지자 근처에 있던 식기장 서랍에서 예복 옷자락이 비어져 나와 있는 것을 발견하고는 온힘을 다해 잡아당깁니다. 그때 식기장이 앞으로 기울어지면서 엄청난 소리를 내며 넘어졌습니다. 아들러는 벌떡 일어나 교회당 밖으로 뛰쳐나갔지요. 하늘의 분노를 샀다고 생각했기 때문입니다.

한 번은 아들러 일가가 유월절을 축하하던 날이었습니다. 아들러는 천사가 유태인이 사는 집을 찾아와 명절 과자인 마짜를 바쳤는지 확인한다는 얘기를 듣고 이상하게 생각했습니다. 아들러는 정말 그런지 알아보고 싶었지요. 그날 밤 가족이 모두 잠자리에 들자 아래층으로 몰래 내려와 식기장에 있던 빵을 꺼내 제단에 올린 마짜와 바꿔치기 했습니다. 그러고는 몇 시간 동안 천사가 찾아오기를 기다렸습니다. 천사는 끝내 나타나지 않았지만 그리 놀라지 않았습니다. 아버지는 아침 산책을 할 때면 아들러에게 종종 이렇게 말했으니까요.

"알프레드, 누가 너에게 무슨 말을 하든 순순히 믿어서는 안 된단다."

아들러는 훗날 이렇게 말합니다.

"나는 경험으로 증명된 것이 아니면 말하지 않겠다는 것을 나의 과제로 여겨왔다."

이런 회의주의야말로 아들러 사상의 가장 두드러진 특징 중 하나입니다. 이것은 아버지의 영향이라고 할 수 있는데, 라이프스타일 형성에 영향을 미치는 문화의 사례로 꼽을 만합니다. 아이는 이렇게 부모로부터 어떤 태도를 취하라는 요구, 즉 문화적 영향을 받는 것입니다.

그럼에도 아들러는 증명할 수 없는 이론에는 반대했습니다. 대부분의 종교적 신념은 우리 스스로 자신의 운명을 제어할 수 있다는 것을 잊게 만들 뿐 아니라 개인의 책임을 애매하게 만든다고 생각했습니다. 물론 운명을 내 생각대로 완전히 제어할 수 있다고 단언할 수는 없겠지요. 하지만 지금 내가 안고 있는 문제가 전생의 경험에서 비롯됐다고 믿는 것처럼, 앞으로의 인생도 전생에 의해 좌우된다는 생각에 빠져 있다면 문제이지요. 인생을 자기 힘으로 바꾸려는 노력을 하지 않을 가능성이 있으니까요.

우리는 젊은 사람이 점을 보고 그 결과에 기뻐하거나 슬퍼하는 모습을 보기도 합니다. 사랑하는 사람과의 궁합 혹은 결혼 시기를 점쟁이가 단정하듯 말하면 곧이곧대로 받아들입니다. 만약 그런 말을 100퍼센트 믿는 사람이라면 대인관계를 좀 더 개선하려는 노력을 기울이지 않을 겁니다.

아들러는 심령주의나 텔레파시를 부정했는데, 이런 것에 관심 있는 사람은 자신의 한계에서 벗어나려는 경향이 강해서 신神마저 자신의 소망을 이뤄주는 존재로밖에 여기지 않습니다. 신의 의지를 자신이 원하는 방향으로 이끌어낼 수 있다고 믿는 것이지요. 이런 믿음을 진정한 의미의 종교 생활이라고 말할 수는 없겠지요.

아들러가 문제 삼은 것은 종교가 현실과의 접점을 상실했다는 점입니다. 종교를 통해 미래에 대한 희망을 갖게 된다면 인간의 본래 목표를 피안에서 찾게 될 것이고 지상에서의 생은 쓸데없는 것으로 여길 겁니다. 우리의 성장에 전혀 가치가 없는 과정으로밖에 보지 않을 테니까요.

나도 내 삶을 바꿀 수 있을까

라이프스타일 형성에 영향을 미치는 요소들은 매우 강력합니다. 아이는 어른 앞에서 미약할 수밖에 없고 부모의 영향력은 절대적입니다. 그렇다고 아이가 성장한 뒤 스스로 어떤 문제를 갖고 있다고 느꼈을 때 그 책임을 부모에게 물을 수는 없습니다. 그래 봤자 아이 자신에게는 아무런 도움도 되지 않을 테니까요.

특정한 라이프스타일을 선택하기에 앞서 아이는 다양한 생각과 수많은 고민을 합니다. 그러는 가운데 어느 사이엔가 자신의 라이프스타일이 고정되어갑니다. 한 번 고정된 라이프스타일을 바꾸기란 결코 쉬운 일이 아닙니다. 비록 지금의 라이프스타일이 불편하고 어색해서 다른 것으로 바꾸려 해도 마음같이 되지는 않습니다. 기존의 라이프스타일은 이미 익숙할 뿐 아니라 나에게 어떤 일이 일어날지 상상하는 데 도움이 됩니다. 반면 다른 라이프스타일을 선택하면 나에게 무슨 일이 일어날지 예측할 수 없기 때문에 불안해지지요.

스쳐 지나가는 상대가 자신에게서 슬쩍 눈길을 피한 것을 두고 자신을 싫어한다고 생각한다면 그 사람과의 관계는 진전되지 않겠지요. 하지만 내심 상황이 그렇게 되기를 바라고 있었는지도 모릅니다. 반대로, 상대가 시선을 피한 것이 내게 마음이 있기 때문이라 생각한다면 그와의 다음 관계가 기다려질 겁니다. 다음에 어떤 일이 일어날지 함부로 예상할 수는 없지만, 지금의 현실을 받아들일 용기가 있다면 좀 더 나은 대인관계 속으로 들어서게 될 것입니다.

설령 불편하고 어색한 라이프스타일일지라도 나 자신이 선택한 것이고, 장차 일어날 일을 예상하지 못해 불안해하느니 다소 불편할지언정 지금의 라이프스타일을 그대로 유지하겠다고 마음먹는 경우가 많습니다. 익숙한 라이프스타일을 고집하는 데는 그 나름의 이점이 있는 것이지요.

우리는 어쩌면, 익숙한 '라이프스타일을 바꾸지 않겠다'는 결심을 부단히 실천하고 있는지도 모릅니다. 이 결심을 포기해야 라이프스타일을 바꿀 수 있습니다. 지금의 라이프스타일로는 더 이상 살아갈 수 없다는 절실한 자각이 있지 않는 한 바꿀 수 없는 것입니다.

그래도 라이프스타일은 바꿀 수 있다

상담자에게 "당신은 자신을 좋아합니까?"라고 물을 때가 있습니다. 그런데 자신의 라이프스타일을 통해 이 세계를 보고 느끼고 생각하고 살아가고 있으면서도 현재의 라이프스타일을 선택한 자신을 좋아한다고 말하는 사람은 거의 없습니다.

파리 센 강변에 에펠탑이 건설될 때의 일입니다. 1889년 만국박람회가 열리기 2년 전 에펠탑의 토대가 세워졌을 때 수많은 예술가와 작가들은 추악한 철골을 아무렇게나 조립해 아름다운 파리를 모독한다는 내용의 항의문을 발표했습니다. 하지만 에펠탑의 설계자 귀스타브 에펠은 "내 생각에 아마도 탑은 그 고유의 아름다움을 갖게 될 것"이라고 예언합니다. 에펠탑 건설을 반대한 작가 모파상은 에펠탑 2층에 있는 레스토랑에서 식사하는 걸 즐겼습니다. 지인이 그 이유를 묻자 모파상은 이렇게 대답했지요.

"파리에서 에펠탑을 보지 않고 식사할 수 있는 곳은 이곳뿐이라네."

이 일화는 라이프스타일에 관한 3가지 중요한 시사점을 갖고 있습니다. 첫째, 에펠탑에서 파리 시가지를 볼 수는 있어도 탑 자체는 볼 수 없듯 우리는 자신의 라이프스타일로 세상을 보면서도 그것이 어떠한 것인지 이해하지 못한다는 점입니다. 둘째, 싫다고 하면서도 지금의 라이프스타일을 받아들인다는 점입니다. 셋째, 건설을 반대하는 항의문에서 '무의미하고 괴물 같은 에펠탑'이라고 말했지만 지금은 그 '고유의 아름다움'을 인정하지 않는 사람이 거의 없다는 점입니다. 에펠탑에 다른 의미를 부여함으로써 괴물이 아름다운 것으로 변모하였듯 라이프스타일 역시 다른 것으로 바꿀 수 있다는 것입니다.

새로운 라이프스타일이 비록 추악한 철골의 에펠탑만큼은 아니지만, 바꾸는 것 자체에 큰 저항이 따르는 것은 분명합니다. 따라서 바꾸겠다는 결심만으로 라이프스타일을 바꾸기는 어렵습니다. 먼저, 지금의 라이프스타일의 어떤 부분을 개선할 것인지 그것부터 알아야 합니다. 하지만 지금의 라이프스타일이 어떠한 것인지 모르기 때문에 무의식중에 몸에 밴 라이프스타일을 의식하려는 노력부터 시작해야 합니다. 아울러 지금과는 다른 어떤 라이프스타일을 선택할 수 있는지 알아야 합니다.

어떻게 바꿀 것인가

라이프스타일을 바꾼다는 것은 더 '좋게' 바꾼다는 의미입니다. '좋게'라는 말에 도덕적 의미가 담겨 있는 건 아닙니다. 앞서 '누구 하나 악을 원하는 자는 없다'는 소크라테스의 역설에서 살펴봤듯 선은 나를 위한 것이고 악은 나를 위한 것이 아닙니다. '라이프스타일이 내게 선이 아니면 바꾸겠다'는 생각조차 하지 않게 됩니다. 지금의 라이프스타일을 바꾸고 싶지 않은 사람은 그게 자신에게 선이기 때문입니다. 그러므로 우리가 지금과 다른 라이프스타일을 선택하겠다고 결심했다면 '진짜'로 좋은 라이프스타일을 선택해야겠지요.

플라톤은 다음과 같이 말했습니다.

"옳은 것, 아름다운 것을 고를 때 대다수의 사람들은 그렇다고 여겨지는 것을 선택한다. 비록 실제로는 그렇지 않더라도 그렇다고 생각되는 행동을 하고, 그렇다고 생각되는 것을 소유한다. 대부분의 사람은 남들이 그렇다고 생각하면 그것으로 만족한다. 그러나 선의 경우는 남들이 그렇다고 생각하는 것만으로는 만족하지 못해 진짜로 그런 것을 찾는다. 사람들이 그렇다고 생각하는 것의 가치를 단순히 인정하지 않기 때문이다."

행복도 이와 같습니다. 남들이 나를 보고 행복해 보인다고 아무리 말해줘도 정작 내가 행복하지 않다면 무의미하지요. 남들이 나를 어떻게 생각하는지 전전긍긍하는 사람이 있는데, 플라톤이 말했듯 남의 평가에 신경 쓰는 사람은 행복에서 멀어질 수밖에 없습니다.

그렇다면 각자의 생각으로는 옳다고 판단할 수 없는 상황에서 그것의 선악을 판단하는 절대기준이 있는 걸까요? 아들러는 "우리의 과학조차 절대적 진리의 도움은 받지 못하고 상식(공통감각)에 근거한다"고 분명히 말합니다. 여기서 상식은 개인의 지성에 대비되는 말입니다.

우리는 자신이 의미부여한 세계에서밖에 살 수 없습니다. 그러나 그 의미부여가 너무도 사적이라면 타인과의 공생은 어렵겠지요. 따라서 순수하게 사적인 의미를 부여하는 것이 아니라, 나 자신은 물론 공동체가 보편적으로 받아들일 수 있는 유용한 의미를 부여해야 합니다.

그러면 어떤 것을 보편적이라고 해야 할까요? 뒤에서 이상理想에 대해 살펴볼 때 다시 등장하는 문제입니다만, 이 세계에서는 절대 진리를 인정할 수 없습니다. 상황을 벗어난 절대선은 없다는 말입니다. 예컨대 빌린 것은 되돌려주는 게 어떤 상황, 어떤 경우에서든 옳다고 말할 수 없다는 겁니다. 칼을 빌려준 상대가 일시적 광기 상태에 빠졌는데 그에게 칼을 돌려주는 것은 옳지 않으니까요.

현재의 상황에서 벗어나 절대 진리를 인정하는 것은 위험합니다.

제3장 나를 위한 라이프스타일

어떤 것이 선인지 아닌지는 상황에 따라 달라지기 때문에 하나하나 검증해가는 수밖에 없습니다. 이래서 아들러는 기성의 가치를 무비판적으로 수긍하지 않았습니다. 비록 대다수의 사람이 인정하고 있다고 해도 말입니다. 문화는 자명한 것의 집대성이지만, 아들러는 문화의 그 자명한 성격에 대해 시종일관 비판적 자세를 취했습니다.

따라서 나 자신은 물론 공동체도 보편적이고 일반적으로 받아들일 수 있는 유용한 의미를 부여하는 것이 중요합니다. 공통감각을 중시하더라도 그것이 곧 '상식'이라고 단언할 수는 없습니다. 때로는 상식과는 멀찌감치 떨어진 것처럼 보이기도 하니까요. 등교를 거부하는 아이를 다시 학교로 보내기 위해 그 아이의 상태나 상황을 고려하지 않고 일방적으로 도와주는 것은 옳다고 할 수 없을 겁니다.

🌿 선택을 좌우하는 단 한 가지

아들러는 라이프스타일을 선택할 때 고려해야 할 한 가지 방향성을 제시했습니다. 제2장에서 살펴본 목적론이 그것입니다. 우리는 수많은 경험 가운데 자기 목적에 적합한 것을 찾아내 그에 맞도록 의미부여를 하기 때문입니다. 가령 어떤 사람과의 관계를 끊고 싶을 때조차도 그와의 경험 속에서 미운 점을 찾아내니까요. 자신감 없는 사람이라면 상대가 나를 외면했다고 의미부여를 하기도 합니다. 상대가 호의를 갖고 있는데도 더 이상 관계를 발전시키고 싶지 않아 그 사람의 행태를 핑계로 삼지요.

사람들에게 조기회상을 물으면 수많은 기억 속에서 특정 기억을 선택합니다. 이때도 지금의 라이프스타일에 부합하는 것을 떠올립니다. 큰 재해의 충격으로 생긴 트라우마에서 벗어나지 못하는 데는 그럴 만한 이유가 있는 것입니다.

이미 살펴봤듯이 성격은 타고나는 게 아닌데 그것을 생득적인 것으로 보는 것은 어떤 목적에 부합하기 때문입니다. 아들러는 이렇게 말합니다. "의미는 상황에 따라 정해지는 것이 아니라 우리가 상황에 어떤 의미를 부여하는지에 따라 정해진다."

여기서 말하는 상황이란 제1장에서 예로 들었던 신체적 장애를 갖고 태어난 상황을 말합니다. 신체적 장애가 있다고 해서 그것이 인생을 결정하지는 않습니다. 부모가 응석을 받아준다고 해서 아이가 반드시 응석받이가 되는 것은 아닙니다. 응석을 받아주는 부모가 없다면 응석부리는 아이는 존재하지 않지요. 하지만 아이가 응석을 받아주는 부모 밑에서 자랐어도 아이가 그것을 선이라고 여기지 않는다면 응석을 부리지 않습니다.

응석을 부리는 게 나 자신을 위한 것이라고 판단했다면 아이는 '응석받이로 성장하는' 선택을 합니다. 이때 스스로 결정한 것이 아니면 다른 사람이나 상황에 책임을 떠넘기기 쉽지요. 그러나 선택은 틀림없이 나 자신의 결정입니다. 따라서 책임 소재도 분명합니다.

아들러는 어떤 외적 요인에 의해 현재의 내가 만들어졌다는 생각을 철저히 부정합니다. 그것을 선택한 것은 다름 아닌 자기 자신이란 점을 강조합니다.

🌱 인생의 과제 속으로

재해를 당한 사람은 큰 충격을 받기 마련인데, 그 경험에서 벗어나려 하지 않는 사람이 있다면 그럴 만한 이유가 있습니다. 단적으로 말해 대인관계를 회피하려는 것이지요.

세상을 위험한 곳이라고 여기고 타인을 적으로 보는 사람은 타자와의 관계를 회피하려고 합니다. 타자에게 단점이나 결점이 있어서 싫어진 게 아니라, 그가 싫어져서 단점이나 결점이 보이는 겁니다. 누군가가 싫어졌다면 그 사람과의 관계를 피하기 위해서입니다.

반대로 자기 자신에 대해 스스로 부정적인 의미를 부여하는 사람도 있습니다. 상담을 요청해오는 사람들 대부분은 "나 자신이 싫다"고 말합니다. 자신의 단점이나 결점 때문이 아닙니다. 그것을 핑계로 다른 사람과의 관계를 회피하려는 것이지요.

반면 대인관계에 두려움이 없는 사람은 늘 자신감에 넘치고 자신의 장점을 쉽게 발견합니다. 그래서 아들러는 대인관계를 회피하는 방향으로 자신이나 세계, 타자에게 의미부여를 해서는 안 된다고 지적합니다. 대인관계를 회피하려는 목적으로 이뤄지는 어떤 행위도 인정하지 않습니다.

제4장

집착에서 벗어난다는 것

혼자서는 살 수 없다

앞에서 대인관계를 살펴본 것은 인생에서 타자와의 관계를 피할 수 없기 때문입니다. 인간 본연의 삶은 타자와 떼려야 뗄 수 없는 것이니까요. 상담 현장에서 다뤄지는 주제도 대부분 대인관계에 관한 것입니다. 아들러는 인간의 고민은 모두 대인관계와 관련이 있다고 보았습니다. 우리 인생에서 대인관계 이외의 문제는 없는 것처럼 보인다고까지 말했지요.

우리는 사람들 사이에서 살아갑니다. 혼자서는 '인간'이 될 수 없고 개인이란 존재 역시 사회적인, 대인관계적인 맥락에서만 개인이 됩니다. 인간이란 존재가 약해서 그런 건 아닙니다. 애당초 인간은 본질적으로 타인의 존재를 전제로 살아가는 존재이며 타자와 함께 있기에 비로소 '인간'이 되는 것입니다.

만약 혼자서 산다면 무슨 짓을 저질러도 막아줄 사람이 없어

선악을 구분할 필요도 없겠지요. 언어만 해도 타자란 존재가 있어야 성립 가능합니다. 홀로 산다면 언어는 필요 없으니까요. 논리 또한 마찬가지입니다. 혼자서만 통하는 언어가 아니라, 언어와 논리와 상식(공통감각)을 사용해 타자와 교류하지 않으면 안 되는 것이지요.

자기중심적인 사람은 공통감각을 갖지 못해 다른 사람과는 소통되지 않는 사적 지성만을 가집니다. 공통감각이 없으면 커뮤니케이션은 아예 성립되지 않습니다. 아들러는 이렇게 말합니다.

"사적인 의미는 사실상 아무런 의미가 없다. 진정한 의미는 커뮤니케이션에서만 가능하다."

문제는 우리와 떨어져 살 수 없는 타자가 우리의 앞길을 막아서는 존재이기도 하다는 것이죠. 그렇다고 타자를 무시할 수도 없습니다. 우리의 말과 행동은 상대가 있는 곳에서 이뤄지고 그 타자로부터 어떤 행태로든 응답을 이끌어내려고 합니다.

하다못해 분노도 그런 예입니다. 혼자 화를 내는 사람은 없지 않습니까? 일부러 상대가 화를 낼 만한 말을 해서 상대로부터 응답을 이끌어내려고 합니다. 아들러는 심지어 마음의 증상인 신경증도 타깃으로 삼는 상대가 있을 때 생긴다고 봤습니다.

아들러는 흥미롭게도 타자를 내 앞길을 막는 존재로 보면서도, 우리의 고민 대부분이 대인관계와 관련된 것이라고 말하면서도 타자를 친구로 봤습니다. 적으로 보지 않았지요. 독일어로 친구는 Mitmenschen인데, '함께하는^{Mit} 사람^{Menschen}'이란 뜻입니다. 아들러

심리학의 핵심 개념인 공동체감각^{Gemeinschaftsgefühl}과 같은 의미로 사용되는 Mintmenschichkeit라는 말도 여기서 나왔습니다. 친구는 사람과 사람이 만나서 맺어진다는 의미지요.

타자를 어떻게 보느냐에 따라 대인관계는 많이 달라집니다. 타자를 친구로 생각하지 않는 사람은 많은데, 상대와 이야기를 나눌 때 눈맞춤을 어떻게 하는지로도 그것은 확인할 수 있지요. 눈길을 피하는 행위는 순간적으로 일어나지만 다른 사람과 연결되는 것을 피하겠다는 의도를 드러냅니다. 가령 어른의 얼굴을 똑바로 보지 못하는 아이라면 어른에게 불신감을 갖고 있는 겁니다. 아이를 불렀을 때 얼마만큼 가까이 다가오는지로도 아이가 그 사람을 어떻게 생각하는지 알 수 있습니다.

우리는 타자를 친구로 볼 것인지 적으로 볼 것인지 먼저 결심하게 되는데, 이때 타자를 적으로 보는 사람은 인생의 과제도 회피하려고 하지요. 적이라고 생각하는 타자와는 적극적으로 관계하지 않는 게 인지상정입니다. 이처럼 타자를 친구로 볼 것인지 적으로 볼 것인지는 인생을 살아가는 방식과 관련된 것이어서 둘 중 어떤 태도를 취할지 결정해야만 합니다. 이것은 타자의 존재 여부를 인정하느냐 마느냐의 문제가 아니라 타자를 어떻게 볼 것인가 하는 가치의 문제입니다. 아들러가 이렇게 가치의 문제라고 할 수 있는 공동체감각을 제기했을 때 사람들은 "가치관에 근거를 둔 사고는 과학이 아니다"라며 반박했지요.

공동체감각이란 무엇인가

아들러가 공동체감각을 제기한 배경에는 전쟁 체험이 있습니다. 1914년 제1차 세계대전이 일어났을 때 아들러는 44세였습니다. 나이 때문에 전장에 투입되지는 않았지만 군의관으로 참전해 육군병원 신경정신과에 소속됩니다. 아들러는 입원환자가 퇴원할 때 다시 병역을 수행해야 하는지를 판단하는 일을 맡았습니다. 이일 때문에 아들러는 극심한 정신적 고통을 겪다가 불면증에 시달리게 됩니다.

아들러의 친구이자 작가인 필립스 보톰은 아들러를 만나기 전에 그가 소크라테스 같은 천재일 거라고 기대했다고 합니다. 그러나 막상 만나보니 지극히 평범한데다, 이렇다 할 특별한 말은 한마디도 하지 않아 무척 실망했지요.

그러나 보톰은 그의 진면목을 다시 보게 됩니다. 아들러는 의사로 참전했지만 전쟁에 뛰어든 조국을 강하게 비판했습니다.

"우리는 모두 친구다. 국적에 상관없이 공통감각을 가진 사람이라면 누구나 똑같이 느낀다. 이 전쟁은 우리 동포에 대한 조직적인 살인과 고문이다."

아들러는 의사로서 목격한 공포와 고통에 대하여 폭로합니다. 정부가 시민들로 하여금 전쟁을 지지하도록 반복적으로 거짓말을 하고 있다고 고발합니다.

군의관으로 복무하다 휴가를 받은 아들러는 단골 카페 '첸들러'에서 공동체감각에 대한 생각을 친구들에게 처음 이야기합니다. 빈 정신분석협회에 속해 있을 때도 그 생각을 꺼내긴 했지만 전쟁을 경험하면서 그 이론은 한층 발전했고 마침내 개인심리학의 열쇠개념이 됩니다.

공동체감각을 내세우는 아들러와 의견이 달랐던 동료 중 한 사람은 훗날 이렇게 말합니다.

"선교사 같은 사람이나 거론할 법한 공동체감각이라는 말을 어떻게 받아들여야 할까? 의사라는 직종에 종사하는 사람은 무엇보다 과학을 우선해야 한다. 아들러는 과학자로서 이 점을 명심해야한다. 종교적인 과학을 비전문가들에게 널리 주장한다면 전문가로서 우리는 그를 지지할 수 없다."

결국 공동체감각이라는 개념을 주장하면서 아들러는 많은 친구를 잃지요. 가치관에 근거한 사고는 과학이 아니라는 말을 들으면서 말입니다. 그럼에도 아들러는 개인심리학을 가치의 심리학, 가치의 과학이라고 분명히 선언합니다. 공동체감각뿐 아니라 개인심리학은 목적론에 바탕을 둔 것이지요. 그 목적이 바로 선이고, 곧 가치입니다.

공동체감각은 타자를 친구로 보고, 공동체 안에 내가 있을 곳이 있다고 생각하는 것입니다. 이를 받아들이면 우리의 인생은 확연히 달라집니다. 아들러는 '전체의 일부'라는 표현을 자주 사용했는데, 나 자신이 어딘가에 소속되어 있다는 느낌, 이곳에 있어도 좋다는 느낌을 가리키는 말입니다. 어떻게 하면 이 감각을 얻을 수 있는지는 뒤에서 자세히 살펴보겠습니다.

문제는 공동체가 갖는 의미인데, 우리가 살고 있는 기존의 사회만 일컫는 말이 아닙니다. 이것은 '도달할 수 없는 이상' 같은 것입니다. 우선적으로는 내가 속한 가족 학교 직장 사회 국가 인류이고, 과거 현재 미래의 모든 인류, 나아가 살아있는 것과 그렇지 않은 것을 포함한 우주 전체를 가리킵니다.

때문에 한정된 공동체에 적응하는 건 중요한 게 아니라고 생각했습니다.

🌿 선과 악은 단정할 수 없다

군의관으로 참전했을 때 아들러는 어느 환자에게서 병역을 면제해 달라는 부탁을 받았습니다. 그러나 그가 보초 임무를 설 수 있을 정도로 건강하다고 판단했습니다.

"나는 어떤 사람이 위험한 전선으로 보내지지 않도록 노력했다. 그럼에도 꿈속에서 나는 누군가를 죽였다는 생각을 했다. 누구를 죽였는지는 알 수 없었다. 내가 누구를 죽인 것일까? 이런 고민으로 정신 건강이 나빠졌다. 나는 그 병사가 죽지 않도록 그에게 가장 유리한 부서에서 근무하도록 최대한 노력했다는 생각에 취해 있었을 뿐이다. 하지만 꿈속에서의 감정이 나로 하여금 '그들을 위해 최선을 다했다'고 생각하게 만들려는 의도가 있다는 것을 알고난 뒤 나는 더 이상 꿈을 꾸지 않았다. 왜냐하면 논리적이든 그렇지 않든 뭔가를 하기 위해 나를 속일 필요는 없었기 때문이다."

아들러는 신경증의 한 종류로 전쟁신경증을 설명했습니다. 전쟁신경증은 원래 정신적 문제를 안고 있는 사람에게서나 일어난다고 생각했지요. 사회적 의무에 직면했을 때 소극적인 모습을 보이는 사람이 신경증자가 된다고 봤습니다. 전쟁신경증을 포함한 모든 신경증에는 약자가 존재합니다. 그 약자는 대다수가 갖고 있는 생각에 적응하지 못해 신경증 형태로 공격적인 태도를 취하게 되지요.

신경증을 갖고 있는 사람은 인생의 과제를 앞에 두고 도피하려고 하는데 전쟁신경증을 갖고 있는 사람이 직면한 인생의 과제는 전쟁입니다. 거기서 도망쳐서는 안 된다는 과제와 도망쳐도 된다는 과제가 있겠지요.

아들러가 공동체감각을 처음으로 언급한 것은 전쟁 중이었습니다. 전쟁이 끝나자 아들러는 공동체감각을 오용한 집단적인 죄를 '또 하나의 얼굴'이라는 대형 광고물로 맹비난했지요. 거기서 아들러는 군인이나 병역에 지원했던 사람에게 전쟁 책임을 묻는 것은 명백한 잘못이라고 말합니다. 하지만 아들러의 의도가 어떻든 전쟁이라는 틀 안에서 신경증을 갖고 있는 사람은 다시 전쟁터로 보내져야 했습니다.

우리는 다수의 공동체에 속해 있습니다. 현재 내가 속한 공동체의 이해利害가 보다 큰 공동체의 이해와 다르다면, 더 큰 공동체의 이해를 우선하는 게 맞겠지요. 전쟁신경증 병사를 다룰 때, 국가를 초월한 차원의 공동체를 생각한다면 병이 치유되었다고 해서 다시 전쟁터로 돌려보내면 안 되는 것이지요. 그러다 보면 공동체가 요구하는 '국가를 위해 싸워야 한다'는 사명을 거부해야 하는 경우도 있겠지요. 이처럼 상황과 무관하게 선악이 결정되는 건 아닙니다. 어떤 경우든 선 또는 악이라고 단정할 수는 없는 것입니다. 공동체감각이라 할 때의 공동체는 현실 속의 공동체가 아닙니다. 따라서 국가의 명령에 따르는 것이 무조건 선이라고 주장하는 것은 아들러가 말하는 공동체감각과는 거리가 멉니다.

🌿 타자에 대한 관심

공동체감각Gemeinschaftsgefühl을 영어로 번역한 것 중에 social interest라는 말을 아들러는 가장 좋아했습니다. 독일어 원어와 달리 공동체와의 관련성이 그다지 강조되지 않는 social, 즉 사람과 사람 사이의 대인관계에 대한 관심interest, 이른바 타자에 대한 관심에 초점을 맞추고 있기 때문입니다.

타자나 타자에게 일어난 일이 나와는 무관하지 않고 나와 관련이 있다는 생각은 그 사람에게 관심이 있다는 의미입니다. 그런데 나와 아무런 관련이 없다고 생각해서 타자에게 무관심한, 오로지

나에게만 관심을 갖는 사람이 있어서 문제지요.

아들러의 의도는 간단명료합니다. 자기 자신에게만 관심을 갖는 사람이 타자에게 관심을 갖도록 돕는 게 중요하다는 것입니다. 나 자신에 대한 관심$^{self\ interest}$을 타자에 대한 관심$^{social\ interest}$으로 바꾸는 것입니다. 이렇게 타자에 관심을 갖는 게 바로 공동체감각입니다. 아들러는 교육을 통해 공동체감각을 키워줌으로써 자기 생각만 하는 아이의 관심을 타자로 향하도록 도와야 한다고 말합니다.

그래서 아이에게 어머니는 대단히 중요한 존재입니다. 아이에게 어머니는 이 세상에서 처음으로 만나는 사람입니다. 그 어머니가 나에게 어떤 사람인지는 매우 중요한 문제입니다. 극단적으로 말해, 친구 혹은 적이 되는 것이지요. 아이를 무시하고 미워하면서 키우면 아이는 어머니를 적으로 생각합니다. 그렇다고 응석을 받아주면 어떻게 될까요. 어머니를 친구로 생각할지는 모르지만 어머니 외의 친구가 있다는 것을 배우지 못할 것입니다.

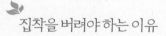

집착을 버려야 하는 이유

개인심리학이 가장 핵심적으로 공격하는 것은 '나에 대한 집착'입니다. 타자의 존재를 인정하지 않고 타자에게 무관심한 채 오직 자신에게만 관심을 갖는 사람들이 있습니다. 아들러의 표현대로

'공동체 속에 내가 있을 곳이 있다'고 생각하는 데 그치지 않고 내가 세계의 중심이라고 생각하지요. 타자가 나를 위해 산다고 생각하는 겁니다. 그래서 타자가 내 기대를 충족시키지 않으면 분개합니다. 이런 행태를 아들러는 '나에 대한 집착'이라고 말합니다.

공동체감각은 타자의 존재를 얼마나 인정하고 타자에게 얼마만큼 관심을 갖는가를 판단하는 척도가 됩니다. 그래서 아들러는 공감을 중시하지요. 공감하기 위해서는 상대와 나를 동일시하고 상대라면 이럴 때 어떻게 할지, 관심을 가져야 합니다. 공감을 한다는 것은 결코 쉬운 일은 아니지만, 공동체감각의 기초가 됩니다. 아들러는 '다른 사람의 눈으로 보고, 다른 사람의 귀로 듣고, 다른 사람의 마음으로 느낀다'는 말로 공동체감각을 정의합니다.

타자에게 관심을 갖는 게 중요한 이유는, 자신의 라이프스타일을 통해서만 타자를 보기 때문입니다. 내가 보고 듣고 생각하는 방식이 유일하지도 절대적이지도 않다는 걸 알지 못하면 타자를 이해할 수 없지요. 따라서 '타자는 이해할 수 없다'는 전제 하에 타자를 이해하려고 노력하면 오히려 타자를 훨씬 더 잘 이해할 수 있습니다. 타자를 자신이 안다고 생각하고 있으면 자신의 이해가 잘못되었다는 것조차 깨닫지 못하니까요.

자신의 시점으로만 생각하는 사람은 타자를 이해하지 못할 뿐 아니라, 이 세계를 자기중심적으로 살아가게 됩니다. 나와 다른 생각을 하는 사람을 전혀 이해하지 못하기 때문에, 그 사람이나 그런 상황을 배려하기보다는 애초부터 배제합니다. 그렇게 함으로써 세계는 나를 중심으로 돌고 있다는 착각에 빠지는 것입니다. 이것은 인식의 문제에만 국한된 게 아닙니다. 정신적으로 건강한 사람은 타자가 나에게 무엇을 해주는지가 아니라 내가 타자에게 무엇을 해줄 수 있는지 관심을 가집니다.

제가 생각하는 공동체감각은 이렇습니다.

'언제나 타자도 생각한다. 타자는 나를 지탱하고 나도 타자와 연결되어 그를 도울 수 있다. 나와 타자는 상호 협력관계에 있다.'

우리는 타자와 공생하는 이 세계에서 벗어나 살아갈 수 없습니다. 나는 타자에게 영향을 받지만 그와 동시에 나도 타자에게 영향을 줍니다. 이런 의미에서 우리 인간은 '전체의 일부'이기에 나만 행복해질 수는 없는 것입니다.

현실 극복을 위한 이상주의

공동체감각을 주장하는 아들러에게 전쟁은 사람과 사람을 반목시키는, 그래서 공동체감각의 반대편에 놓이는 말입니다.

아들러가 살아온 생애를 공부하면서 참으로 이상하게 생각했던 점은, 그가 전쟁의 비참한 현실을 두 눈으로 똑똑히 목격했음에도 불구하고 공동체감각이라는, 인간을 보는 낙관적인 관점을 제시했다는 것입니다. 전쟁터에서 벌어지는 인간의 어리석은 행위를 보고도 그의 관점은 결코 흔들리지 않았던 겁니다.

전쟁을 목격한 프로이트가 죽음의 본능을 떠올린 것과는 달랐지요. 프로이트는 이를 자기파괴 충동으로 보았습니다. 그것이 외부로 향하면 공격성이 된다는 겁니다. 프로이트는 인간이 선천적으로 타자를 공격하려는 성향을 갖고 있다고 본 것입니다.

아들러는 공동체감각이 현실에서 실현되지 않는다 하더라도 이상적인 규범이므로, 그것을 지향해야 한다고 말합니다. 여기에 바로 그가 공동체감각을 왜 이상으로 생각했는지, 전쟁 중에 어째서 공동체감각이라는 사상을 떠올렸는지 그 의문을 풀 열쇠가 숨어 있습니다.

이상이 현실에서 멀어질 때 이상을 갖는 것은 무의미한 일처럼 보입니다. 그러나 이상은 본래 현실과 어긋나 있지요.

아들러는 전쟁터에서 비참한 현실을 목격했기 때문에, 또 공동체감각이 현실에 미치는 힘이 강하기 때문에 전쟁의 비참한 현실을 회피하기 위하여 이상理想으로서 공동체감각을 생각해내기에 이른 것입니다.

이러한 이상주의는 사전ante rem논리에 해당합니다. 이에 반해 현실을 설명하는 논리, 즉 현실주의는 사후post rem논리이지요. 그런데 사후논리에는 현실을 바꾸는 힘이 없습니다. 아들러에게 영향을 미친 마르크스는 이렇게 말했습니다. "철학자들은 세계를 그저 여러 가지로 해석해왔을 뿐이다. 중요한 것은 그것을 바꾸는 것이다." 마르크스의 말처럼 아들러도 세계를 해석하는 데 그치지 않고 세계의 변혁을 꾀했습니다. 공동체감각이라는 새로운 이상을 제시한 것은 세계를 변혁하기 위해서였습니다.

아들러는 환자를 치료할 때 현재 상황에만 관심을 기울이지는 않았습니다. 현재 상황을 설명하는 사후논리에 만족하지 않은 것은 아들러가 원인론이 아니라 목적론을 채택했기 때문입니다. 원인론에 입각한 상담은 문제의 원인을 과거로 거슬러 올라가 찾은 다음 그것을 설명하는 선에서 그치니까요. 환자가 지금 끌어안고 있는 문제(증상)의 원인이 타자에게 혹은 과거에 있으며, 본인 책임이 아니라는 소리를 듣고 안심한들 무슨 소용이 있겠습니까. 현재의 상황은 무엇 하나 달라지지 않는데 말입니다.

그러나 목적론은 시선을 과거가 아니라 미래로 향하기 때문에 현재 상황을 추인하는 데 그치지 않습니다. 장차 어떻게 하고 싶은지 환자에게 묻습니다. 그 목표를 향해 일단 첫걸음을 내딛지 않으면 아무 일도 일어나지 않기 때문이지요.

아들러는 개인심리학을 형이상학이라고 말합니다. 자신이 직접 이해하지 못하는 것을 인생에서 배제하려는 사람은 형이상학으로서의 심리학을 비판할 것입니다. '새로운 이상'은 우리가 직접 겪는 경험의 다른 편에 있는 게 사실이니까요. 그러나 직접적으로 겪는 경험만으로는 어떤 새로운 것도 발견할 수 없습니다. 아들러에게 직접적인 경험은 개인 차원에서는 경쟁과 증오이고, 국가 차원에서는 전쟁이었지요. 만일 그런 것에만 관심을 가졌다면 아들러가 공동체감각을 생각해 내지는 못했을 것입니다.

타자에 관심을 갖기 위해서는 타자를 적이 아니라 친구로 보고,

근본적으로 이 세계를 안전한 곳으로 봐야 하지요. 이런 관점에서 보면, 현실적으로 공동체감각을 완전한 것으로 받아들이기는 힘듭니다. 그럼에도 불구하고, 이상은 우리에게 목표로서 인생의 방향을 제시한다는 데 의미가 있습니다. 인생은 원래 목표를 향해 움직이는 것이고, 살아가는 건 진화하는 것입니다.

비록 현실에서 이상을 찾지 못하더라도 현실을 그대로 인정할 게 아니라 이상에 가까워지도록 노력해야 하는 것이지요. 우리는 그렇게 할 수 있습니다. 개인의 인생에서도 마찬가집니다. 현실을 극복하려고 노력하지 않는다면 우리 인생은 그저 제자리에 머물 따름입니다.

아들러는 신경증자를 치료하는 데 성공함으로써 공동체감각에 대한 확고한 신념을 갖게 됩니다. 자신에 대한 관심을 타자에게로 돌리게 함으로써 공동체감각을 키워주었는데, 그것이 신경증자를 치유하는 결정적인 역할을 했지요. 그 결과, 전쟁이라는 엄혹한 현실을 겪고도 공동체감각에 대한 신념을 굳게 지켰던 것입니다.

공격욕구를 멈추게 하는 명령

전쟁이 터지면 강한 동료의식이라 할 수 있는 애국심이 생깁니다. 사랑하는 사람과 가족을 적으로부터 지키는 것, 국가를 지키는 것은 당연하다는 의식이지요. 그러나 아들러가 말하는 공동체감각은 그런 게 아닙니다. 성서에서 예수가 말한 이웃사랑 '적마저 사랑하라'는 사상에 가깝습니다.

'아들러의 이웃사랑'이라고 비유할 수 있는 공동체감각은 소위 말만 앞서는 주장이 아닙니다. 타자를 친구로 생각하고, 공동체 속에 자신이 있을 만한 곳이 있기를 바랍니다. 이러한 욕구가 채워지지 않을 때 어른들 눈에 거슬리는 아이의 문제행동이 표출됩니다. 그 욕구를 아이가 부적절한 방법으로, 이를 테면 남을 번거롭게 하는 방식으로 드러냄으로써 주변 사람들의 주목을 받으려고 합니다. 그렇게라도 공동체에 속해 있다고 느끼고 싶은 것이지요. 소속감은 인간의 기본적인 욕구이니까요.

그런데 소극적인 사람이라면 거슬리는 행동도 하지 못합니다. 나만 사라지면 다른 사람이 잘 살 거라는 잘못된 생각을 하지요. 이와 반대로 자신은 긍정하면서 다른 사람은 적으로 생각하는 이도 많습니다. 물론 나 자신을 긍정하지 않으면서 타자를 친구로 보는 건 불가능하지요. 따라서 나를 긍정하기 위해서는 단순히 내 장점을 아는 데 그치는 게 아니라 타자를 친구로 인정해야 합니다. 타자에게 뭔가를 얻기 위해서가 아니라, 타자와 공존하고 타자와 친구로 지내기 위해서 그래야 하는 것입니다. 타자에게 관심을 갖고 여기서 더 나아가 공헌할 필요가 있는 것도 그 때문입니다.

아들러는 공동체감각을 말할 때 '이웃사랑'이라는 말을 자주 사용했지만, 프로이트에게 이웃사랑은 이상명령Idealgebot이며 인간의 본성에 반하는 것입니다. 이웃사랑은 인간이 갖고 있는 공격적 충동을 멈추라는 명령이지요. 이른바 인간 윤리의 목표는 문화의 최대 장애물, 즉 타자를 공격하려는 인간의 선천적 성향을 제거하는 것입니다.

프로이트가 처음 이웃사랑이라는 이상명령을 들었을 때 놀라움을 주체할 수 없었다고 합니다. 낯선 사람은 사랑할 가치가 있기는커녕 적의와 증오를 불러일으킨다고 생각했기 때문입니다. 프로이트는 이웃사랑이란 개념에 대해 극심한 반발을 보였습니다. '왜 그래야 하는가? 그러는 게 무슨 도움이 되는가? 무엇보다 이 명령을 어떻게 실행하는가? 실행 가능하기는 한가?'라고 되묻습니다.

하지만 아들러는 "그런 질문은 사랑을 줄 생각은 하지 않고 사랑받기만 하려는 사람이나 하는 것이다. 비록 다른 누군가로부터 사랑받지 않아도 나는 이웃을 사랑한다"는 성숙한 태도로 프로이트의 물음을 일축해버립니다. 아들러는 이웃사랑에 대하여 이렇게 말합니다.

"종교가 부과한 가장 중요한 의무는 언제나 '너의 이웃을 사랑하라'였다. 여기서 우리는 친구에 대한 관심을 키워가는 또 다른 형태의 노력을 엿볼 수 있다. 이 같은 노력의 가치를 지금은 과학적인 견지에서 확인할 수 있다는 점도 흥미롭다. 응석받이 아이는 우리에게 '왜 나는 이웃을 사랑해야 하는가? 내 이웃은 나를 사랑하는가?'라고 묻는다. 이는 누군가와 협력하는 훈련이 부족하고 나밖에는 관심이 없다는 것을 분명히 보여준다.

인생에서 최대 역경과 맞닥뜨리는 자는, 타자에게 크나큰 손실을 안겨주는 자는 친구에게 별 관심이 없는 사람이다. 인간의 모든 실패를 낳는 것은 이런 사람들이다. 공동체감각을 독자적인 방법으로 키우려는 많은 종교와 종파가 존재한다. 나는 협력을 최종목표로 한 인간의 모든 노력에 찬성한다. 서로 싸우고 비난하고 과소평가할 필요가 없다. 우리는 누구나 절대적 진리를 소유하지 못했고, 협력이라는 최종목표에 이르는 길은 많다."

아들러는 친구를 이웃사람과 거의 동일한 의미로 사용합니다. '왜 나는 이웃을 사랑해야 하는가?'라고 묻는 사람은 협력하는 훈련이 부족하여 자신밖에 관심이 없다고 했는데, 아들러의 입장은 단순명쾌하지요.

"누군가 시작해야만 한다. 다른 사람이 협조적이지 않아도 그것과 당신은 무관하다. 내 생각은 이렇다. 당신이 먼저 시작해야 한다. 다른 사람이 협력적이든 그렇지 않든."

프로이트도 '너의 이웃이 너를 사랑하듯 너의 이웃을 사랑하라'라는 말에는 이론을 달지 않을 것입니다. 물론 이 말은 어느 누구나 할 수 있습니다. '당신이 나를 사랑해준다면 나 역시 당신을 사랑하겠다'는 의미니까요. 그러나 예수와 아들러가 말한 이웃사랑에 그런 의도는 없습니다.

한때 아들러 곁에서 공부한 정신과 의사 빅토르 프랑클은 아들러 사상을 '양자비약'이라는 말로 표현했습니다. 고전물리학으로는 설명할 수 없는 양자역학적인 급작스러운 변화를 가져왔다는 의미지요. 그 비약은 하나의 입장에서 새로운 입장으로 한 걸음 성큼 나아가는 것이고, 연속적으로 상승하는 것이 아니라 훌쩍 뛰어넘는 것입니다. 아들러에게 이 같은 비약은 전쟁 경험으로 일어난 것일지도 모릅니다. 아들러가 전쟁터에서 목격한 참혹한 현실에서 공동체감각을 착상한 것 자체가 다름 아닌 비약이니까요.

닿을 수 없는 이상

아들러가 주장한 공동체감각은 이상입니다. 공동체도, 공동체감각이 의미하는 것도, 결코 완전한 형태로 이 세상에 나타나지 않습니다. 그래서 보수적인 사람들에게 아들러 사상은 매우 급진적으로 보일지 모릅니다. 타자를 위한 공헌이 너무도 중요하다고 강조하는 이론이어서 이기주의가 만연해 있는 오늘날에는 더 그럴 것입니다.

우리는 아들러가 말하는 공동체가 '게마인샤프트Gemeinschaft'라는 데 주목해야 합니다. 통상 게마인샤프트와 대비되는 게젤샤프트Gesellschaft는 목적사회, 이익사회입니다. 다시 말해 인위적으로 형성된 사회이지요. 독일 사회학자 페르디난드 퇴니스는 게마인샤프트를 가족과 같이 구성원들이 감정적으로 융합된, 전인격으로 결합된 사회라고 말합니다. 자연적인 공생관계를 기본으로 하는 사회이지요.

신학자 야기 세이이치는 예수의 말이 문자 그대로 행해지는 사회를 가리켜, 보답을 전혀 바라지 않는 순수한 '증여형' 사회라고 말합니다.

"이 사회는 게마인샤프트와 비슷한데, 둘 사이에는 결정적으로 사

고의 차이가 있다. 게마인샤프트는 내부에서는 화목하지만 외부에
대해서는 폐쇄적이다. 게다가 그 구성원이 되기는 대단히 어렵다. 또
내부적으로 다툼이 없어도 외부적으로는 차별적이고 적대적이다.
구성원이 아닌 사람에게는 나그네 혹은 적이라는 딱지를 붙인다.

그러나 '착한 사마리아인의 이야기'가 보여주듯 예수가 말하는,
사랑해야 할 이웃은 착한 사마리아인을 차별하고 냉대하는 유태인
인데 그들이 바로 나그네, 적이다. 여기에 예수가 말한 인간관계와
게마인샤프트적 인간관계에 차이가 있다. 결국 게마인샤프트와 달
리 예수는 커뮤니케이션에 관한 한 무한히 열려 있는 것이다."

아들러가 말하는 공동체는 흔히 말하는 공동체가 아니라 증여형
사회에 해당됩니다. 아들러는 적의 반대어로 친구란 말을 사용하는
데, 그 사람이 폐쇄적인 사회의 밖에 있는 사람이어도 상관하지 않
습니다. 이런 의미에서 아들러가 말한 공동체는 새로운 것입니다.

아들러가 말하는 공동체감각의 '공동체'는 인류가 완전한 목표
에 도달했을 때에 생각할 수 있는 영원한 것입니다. 현존하는 공
동체^{Gemenischaft}나 이익사회^{Gesellschaft}도, 정치적 혹은 종교적인 형태도
아닙니다.

이렇게 해석하지 않으면 '전체의 일부'라는 표현 때문에 아들
러 사상은 자칫 전체주의로 오해할 수 있지요. 실제로 공동체감각
이 오용되자 그는 이런 예를 들어 설명합니다. 패할 게 뻔한 상황
에서 군 최고사령관이 또다시 몇 천 명의 병사를 죽음으로 이끄는
작전을 제시합니다. 당연히 국익을 위해서라고 주장하자 수많은

사람이 동의합니다. 하지만 아들러는 어떤 이유를 들더라도 우리는 그를 올바른 친구로 간주할 수 없다고 선언합니다.

타자에 대한 관심, 타자를 위한 공헌은 나 자신이 어떻게 하는지가 중요한데 이를 엿볼 수 있는 사례가 있습니다. 어느 노부인이 전차를 타려다 발이 미끄러져 눈 속에 넘어졌을 때 아무도 도와주지 않았습니다. 마침 어떤 사람이 그녀에게 다가가 도움을 주었지요. 그 순간 어딘가에 숨어서 그 광경을 지켜보던 다른 남성이 달려와 그녀를 도와준 사람에게 말합니다.

"드디어 훌륭한 사람이 나타났군요. 5분 동안 저 곳에서 누가 도와줄지 지켜보고 있었습니다. 당신이 그 첫 번째 사람입니다."

어느 시대에나 이 남자 같은 사람은 있습니다. 공동체감각이란 것도 이상과 늘 일치하지는 않기 때문에 진짜 공동체감각과 그릇된 공동체감각을 끊임없이 사려 깊게 살펴야 합니다.

아들러는 공동체감각을 주장함으로써 특정 가치관에 근거한 하나의 세계관을 선택한 것입니다. 그것은 이상적인 것이기 때문에 우리가 사는 이 세계에서 완전하게 실현되지는 않을 것입니다.

제5장

인간은 누구나
우월성을 추구한다

우월 콤플렉스와 열등 콤플렉스

전체의 일부로서 개인은 우월성이라는 목표를 위해 행동합니다. 무력한 상태에서 벗어나기를 바란다는 의미에서 우월해지려는 것은 모든 사람이 갖는 보편적인 욕구이지요. 인간에게 동기를 부여하는 것도 우월성 추구입니다. 더 나은 문화가 형성된 것도 우월성을 추구한 결과이지요. 인간의 생활은 이렇게 아래에서 위로, 마이너스에서 플러스로, 패배에서 승리로 진화해갑니다.

우월성과 대조되는 개념이 열등감입니다. 이 또한 모든 사람이 갖고 있기 때문에, 우월성 추구뿐만 아니라 열등감을 인식하는 것 자체도 모두 건강하고 정상적인 노력이며 성장을 위한 자극이 됩니다.

앞에서 기관열등성을 비롯해 아들러가 열등감을 어떻게 생각했는지 살펴보았습니다. 그는 전체로서의 개인이 우월성이라는 목표를 추구한다고 생각했지요. 여기서 주의할 게 있습니다. 우월성 추구는 열등감의 보상에서 나오는 게 아니라는 것입니다. 그런 생각은 어디까지나 원인론적 발상이지요. 우월성 추구가 근원적인 목표이며 열등감은 그 부산물이지요.

강한 열등감과 과도한 우월성 추구는 각각 열등 콤플렉스, 우월 콤플렉스라고 부르는데 둘 다 인생에 유용하지 않습니다. 열등 콤플렉스가 한층 고조되면 신경증이 됩니다. 우월 콤플렉스 증상 역시 비슷해 신경증적 우월성 추구라고 부르기도 합니다.

우월성 추구 자체가 나쁜 것은 아닙니다. 다만 인생의 과제를 해결하는 과정에서 개인적인 우월성을 얻으려 한다는 게 문제이지요. 자신이 우수하다는 것을 강조하고 그것을 타자에게 과시하려고 하기 때문입니다. 그런 사람은 실제로는 우수하지도 않으면서 남보다 우수한 것처럼 보이려고 하죠.

그러다 보면 끊임없이 남이 나를 어떤 식으로 평가하는지 신경 쓰고, 남들의 기대에 부응하려고 기를 씁니다. 실제의 자기 자신보다 크게 보이려고 위태롭게도 발끝으로 서서 성공과 우월성을 얻으려고 합니다. 하지만 타인은 생각만큼 나를 주목하지도, 기대하지도 않을지 모릅니다. 나 자신에 대한 이상은 높아졌는데 거기에 도달하지 못하면 결국은 이상과 현실의 괴리에 빠져 고민하게 되고 감정적으로 나를 책망합니다.

실제보다 더 우수한 것처럼 보이려는 우월 콤플렉스는 자신이 해결해야 하는 인생의 과제를 극복하기는커녕 거기서 도망치려는 성향으로 나타납니다. 타자가 기대하는 나의 이미지와 현실 속 내가 너무나 동떨어져 있으면 우월해지려는 것 자체도 단념하게 됩니다. 더러는 우월해지려는 것을 단념하기 위해 현실적으로 도저히 달성할 수 없는 이상을 세우기도 하지요. 우월성의 관건은 '타인이 나를 우수하다'고 생각하는가에 달려 있습니다. 그런데 타인의 평가를 쫓다 보면 우리가 최우선으로 꼽는 인생의 과제 달성이 뒤로 밀려날 수밖에 없지요.

특히 남다른 야심을 가진 사람은 자칫 어려운 상황에 처하기 쉽습니다. 성공했느냐 못했느냐만 놓고 모든 걸 판단하기 때문입니다. 역경에 맞섰을 때 그것을 극복할 힘이 있는가를 판단하는 습관이 붙지 않은 것이죠. 결과를 창출하는 것은 분명히 필요한 일이지만, 단지 결과를 내놓는 것만으로는 충분하지 않지요. 결과를 내놓기 위해 뭐든 해도 좋은 것은 아니라는 말입니다.

사람들은 역경과 맞닥뜨렸을 때 그것을 극복할 힘에 관심을 기울이지 않습니다. 눈에 보이는 성공에 더 관심이 많지요. 그러나 노력하지 않고 얻은 성공은 쉽게 무너지기 마련입니다. 그런 사람은 실패하면 두 번 다시 역경과 맞서려고 하지 않습니다.

또 한 가지 문제가 있습니다. 다른 사람에게 인정받는 것만 생각하는 사람은 성공을 하고도 칭찬받지 못하면 결코 만족하지 않습니다. 타인의 칭찬 없이는 못 살지요. 그러다 보니 타인의 의견에 이리저리 휘둘리지요.

어떤 행동을 한 뒤에 인정받지 않으면 만족하지 못하는 사람, 인정받기 위해서만 행동하는 사람이 의외로 많습니다. 그런 사람은 타인에게 관심을 기울이지 않고 오로지 나만 생각합니다.

우월성과는 거리가 먼 사례 같지만 '나만 힘들다'고 생각하는 사람도 있습니다. 이들은 내가 이토록 고생하는데 주변 사람들은 전혀 이해해주지 않는다고 생각하지요. 이때 타자는 적이 됩니다. 그 사람이 병에 걸렸다고 가정해 봅시다. 주변 사람들은 병으로 고통받는 그 사람에게 섣불리 말도 하지 못합니다. 곪은 종기를 다루듯 조심하지요. 어떤 사람이 앓는 병을 주위 사람이 이해하는 건 결코 쉽지 않습니다. 똑같은 병을 앓아본 적이 없다면 그 통증을 상상하는 건 힘드니까요. 정신적인 고통 역시 당사자밖에는 모릅니다. 따라서 타인이 그것을 알아주지 않는다고 해서 원망할 수는 없지요. 그런데도 '나만 힘들다'고 생각하는 사람은 자신을 몰라준다며 아무렇지 않게 타인을 비난합니다. 그런 식으로 주위 사람들보다 우위에 서려고 하는 것이지요.

또 다른 유형의 사람도 있습니다. 자신의 상황을 개선하려는 노력은 하지 않은 채 불안해하며 타인에게 의존함으로써 우월성을 추구하는 사람도 있습니다. 신경증자는 늘 누군가에게 기대는데 그 사람을 자신에게 얽매이도록 하지요. 자신에게 봉사하도록 만들 때 비로소 신경증자는 우월감을 느낍니다.

신경증자는 인생의 과제 앞에서 주저하거나 멈춰 서거나 혹은 뒷걸음질 침으로써 그 과제에서 멀어집니다. 성공을 하거나 타자를 지배할 수 있다면 그런 상황에 자신을 두려고 하지요. 매우 손

쉽게 우월성을 추구하는 셈이죠.

자클린 뒤 프레에게서 배워야 할 것

자클린 뒤 프레란 천재 첼리스트가 있었습니다. 젊어서 널리 이름을 알린 그녀가 다발성 경화증으로 쓰러진 것은 28세 때입니다. 어느 콘서트에서 돌연 팔과 손가락 감각을 잃지요. 첼리스트에게는 치명적인 병이 아닐 수 없었습니다. 발병한 지 1년이 지난 뒤 그녀의 양팔은 작업 능력을 영구히 상실한 듯 보였습니다.

그러던 어느 날 잠에서 깼을 때 기적적으로 양팔을 모두 사용할 수 있게 됩니다. 일시적인 회복은 나흘간 이어졌지요. 오랫동안 첼로 연습을 하지 않았음에도 불구하고 그 나흘 동안 쇼팽과 포레의 첼로 소나타 등 몇 곡의 기념비적인 녹음 연주를 해냈습니다.

정신과 R. D. 레인 박사는 뒤 프레의 사례를 '기질성 손괴는 원래 상태로 회복될 수 없다'는 주장의 반증으로 제시하는데, 저는 다른 측면에서 그녀를 보고 싶습니다. 뒤 프레는 자신이 예상치 못했던 어느 날 돌연 양팔의 기능이 회복된 것을 알아차렸습니다. 그런 상황이 얼마나 이어질지 짐작할 수 없었지요. 그럼에도 그녀는 그 기회를 놓치지 않고 연주 녹음을 합니다. 제가 주목하는 것은 바로 뒤 프레가 인생을 살아가는 자세입니다. 자기 자신만을 생각했다면 그 시간에 연주 녹음을 하지는 않았을 것입니다. 그녀는 자신만을 위해 우월성을 추구한 게 아닙니다.

뒤 프레는 오랜 투병생활 끝에 42세의 나이로 세상을 떠났습니다. 그 짧은 생애를 그녀는 어떤 식으로 살았을까요? 발병 후 첼리스트로 활동할 수는 없었지만 때때로 타악기 연주자로 무대에 섰고, 프로코피예프의 〈피터와 늑대〉를 사람들 앞에서 낭독하기도 했습니다. 뒤 프레는 위대한 음악가였지만, 원인불명의 난치병에 굴하지 않고 인생을 꿋꿋이 살아간 위대한 인간이었습니다. 뒤 프레는 만년에 '예술을 위한 예술'이 아니라 '인생을 위한 예술'을 구현하는 삶을 살았던 것입니다. 아무 노력 없이 성공이나 명성을 손에 넣으려는 개인적인 우월성 추구와 달리 뒤 프레가 추구한 우월성은 공동체와 타자를 염두에 둔 것입니다.

세계를 바꾸기 위해서

아들러가 의사가 된 것도 성공이나 명성을 얻기 위해서는 아니었습니다. 그는 이 세상을 보다 나은 곳으로 만들고 싶었지요. 아마도 그의 어릴 때 경험이 큰 영향을 미쳤을 것입니다. 구루병을 앓던 아들러는 담요를 깔고 벤치에 앉아 있던 어느 날의 풍경을 떠올립니다. 4세 때 세 살 아래의 동생 루돌프가 디프테리아에 걸립니다. 당시 이 병의 위험성은 충분히 알려지지 않아 아들러는 동생과 같은 방에서 잠을 잤지요. 감염을 예방하는 조처는 전혀 없었습니다. 그러던 어느 날 아침 잠에서 깼을 때 옆 침대에서 자고 있던 동생 루돌프가 숨을 거두고 맙니다.

아들러도 5세 때 폐렴에 걸려 죽을 고비를 넘겼습니다. 어느 겨울날 아는 형을 따라 스케이트를 타러 갔을 때의 일입니다. 스케이트를 타고 있는데 돌연 그 형의 모습이 보이지 않았습니다. 아들러는 홀로 내내 빙판 위에 서 있었는데 날은 점점 추워졌지요. 끝내 그 형은 돌아오지 않았고, 불안과 추위로 발작을 일으킨 아들러는 힘겹게 집으로 돌아와 그대로 소파에 쓰러져 잠이 들었습니다.

그런데 아무도 아들러의 이상을 알아차리지 못했지요. 늦은 밤이 되어서야 아버지는 말에 썰매를 매달고 부랴부랴 한밤중 빈의 거리를 가로질러 의사를 찾아 갔습니다. 이때 의사는 아들러를 포기했습니다. 동생이 죽은 뒤였기 때문에 아들러는 죽음을 선고받는다는 게 어떤 것인지 이해할 수 있었습니다. 기적적으로 폐렴에서 회복된 아들러는 의사가 되기로 결심합니다. 동생의 죽음과 자신이 죽을 뻔했던 경험을 통해 어린 나이에 죽음이란 문제에 관심을 갖게 된 것입니다.

"어느 소년이 주변에 있는 병이나 죽음에 두려움을 느끼고 있다고 가정해보자. 소년은 의사가 되어 죽음과 맞서 싸우겠다는 결심으로 그 공포심을 진정시킬지 모른다."

마치 아들러 자신의 어릴 적 상황을 이야기하는 것 같습니다. 물

제5장 인간은 누구나 우월성을 추구한다

론 모든 사람이 공포심을 떨쳐내기 위해 의사가 되겠다고 결심하지는 않습니다. 어린 시절 주변의 누군가가 죽으면 때로는 병적인 상태가 되기도 하지요.

저 역시 죽음이란 것을 모른 채 천진스럽게 살던 초등학생 시절 할아버지, 할머니, 동생이 해를 바꿔가며 세상을 떠나는 상황을 겪고 나서 비로소 인생은 언젠가 끝이 온다는 것을 알게 되었습니다. 당시 어른들에게 죽음이 뭔지 물었지만 어느 누구도 대답해주지 않았지요. 지금 생각해보면, 답해줄 수 없었을 것 같습니다. 답이 없는 물음을 앞에 두고 저는 오랫동안 우울한 상태로 지냈습니다.

누나의 죽음에 큰 영향을 받은 어떤 아이는 "앞으로 무엇이 되겠느냐"는 질문을 받고 묘를 파는 사람이 되고 싶다고 했습니다. "내가 묻히는 게 아니라 다른 사람을 묻는 사람이 되고 싶다"고 대답한 겁니다. 생과 사의 주인이 되고 싶었던 어떤 아이는 사형집행인이 되고 싶다고 대답하기도 했지요.

아들러는 온 집안의 기대를 안고 빈 대학 의학부에 입학했습니다. 그는 연구자가 되기보다는 임상의가 되어 환자를 치료하고 싶었습니다. 당시 의학부는 환자에 대한 관심이나 치료보다는 실험이나 진단을 중시했지만 아랑곳하지 않았지요. 그는 학위를 받은 뒤 외래환자 진찰과에서 일했습니다. 1911년까지 헝가리 공민권밖에 갖고 있지 않아 봉사활동으로만 일할 수 있었습니다. 오스트리아의 외래 진찰과는 사회보험제도가 없던 그 시대에 노동자 계급의 가족을 무료로 치료하기 위해 설립되었지요. 아들러는 그곳에서 안과의로서 무상으로 일했지요. 이때의 경험 때문에 아들러는 사회주의에 관심을 갖게 됩니다.

결혼 후 내과의로 개업한 아들러는 단 하루도 쉬지 않고 일했습니다. 아침부터 늦은 밤까지 진찰과 연구에 힘쓰고는 친구들과 토론하기 위해 카페로 향했지요. 사교성 있고 식견 깊은 그는 곧 존경받는 의사가 됩니다. 환자를 진찰할 때 직관적이고 초인적인 능력을 발휘한다는 소문까지 났지요. 의료 활동으로 이 세상을 변혁하고자 했던 그에게 환자의 재정상태는 그다지 문제가 되지 않았습니다.

어느 날 알프레드 파라우란 젊은이를 만났을 때의 일입니다. 당시 아들러는 57세, 파라우는 23세였습니다.

"아들러 선생님, 사람은 어떤 경우든 죽어야 하나요?"

"그런 식으로 생각했다면 나는 의사가 되지 않았을 걸세. 나는 죽음과 싸우고 싶었고, 죽음을 죽이고 내 마음대로 하고 싶었지."

아들러는 사후의 생 같은 도저히 증명할 수 없는 이론에는 강하게 반대했습니다. 심령주의, 점성술, 텔레파시도 마찬가지입니다. 아들러가 종교 그 자체를 부정한 건 아닙니다. 모든 종교를 일종의 강박신경증으로 본 프로이트와는 다르지요.

다시 파라우는 묻습니다.

"선생님은 죽는다는 게 무섭지 않으세요?"

"아니, 나는 무섭지 않네. 아주 오래 전에 그 생각과 화해했거든."

아들러는 죽는다는 사실이 자신을 불행하게 만든다고는 생각하지 않았습니다. 대체 아들러는 어떤 식으로 죽음과 화해한 것일까요? 그에게 죽음은 삶과 떼려야 뗄 수 없는 것이자, 서로 연결되어 있었습니다. 세상을 떠나기 2년 전 아들러는 파라우와 마지막으로 만났을 때 이렇게 말했습니다.

"언젠가 내가 왜 의사가 되었는지 자네에게 이야기한 적이 있네만. 나는 죽음을 죽이고 싶었네. 그런데 성공하지 못했어. 그러나 그 과정에서 뭔가를 발견했지. 개인심리학 말일세. 그것은 가치 있는 일이었다고 생각하네."

아들러는 치료를 통해서만 이 세상을 바꾸려 했던 것은 아닙니다. 파라우와의 대화에서 알 수 있듯 개인심리학의 체계를 만들려고 했습니다. 아들러는 치료·육아·교육을 통한 개인적인 변혁으로 세계를 개혁하겠다는 목표를 세운 것입니다. 세계 각지에서 강연활동을 펼친 것도 그런 이유에서였지요.

선이라는 궁극의 목표

목적을 추구하는 데 있어서 '우월성 추구'란 것은 어떤 의미가 있을까요?

"신체적 열등기관, 응석, 무시는 때때로 아이들에게 개인의 잘못된 행복, 인류 발전에 모순되는 '정복'이라는 구체적인 목표를 세우게 한다."

아들러가 활동 거점을 미국으로 옮긴 뒤, 빈에서 아들러의 일을 이어받은 이는 리디아 지허입니다. 지허는 사람들이 서로 다른 출발점과 목표를 갖는데, 그 궁극적인 목표를 종합적 목표라고 불렀습니다. 반면 각자가 정한 목표는 '개인적 목표 혹은 구체화된 목표personal or concretized goal'라고 불렀지요. 종합적 목표는 힘, 미美, 완전, 신 같은 즉 이상적인 개념이어서 우리가 달성할 수 없지요. 하지만 개인적 목표는 다릅니다. 예컨대 힘을 목표로 하는 사람은 복서가 되기를 희망할 것입니다. 복서가 되겠다는 목표는 구체화된 목표라고 할 수 있지요.

저는 종합적 목표로서 선 혹은 행복을 생각합니다. 아들러의 말에서 알 수 있듯 사람은 개인 차원에서 행복을, 인류 차원에서 진화를 목표로 세우는데 실제로는 이런 목표를 달성하기 위해 공헌하겠다는 생각을 하지 않는 사람도 많습니다. 이 세상 어느 누구도 원대한 목표로 향하는 유일하고도 옳은 길이 무엇인지 알지 못하기 때문이지요.

아들러가 말하는 우월성은 본디 플라톤이 생각한 '선'이라는 궁극의 목표에 해당합니다. 이미 살펴보았듯 선이라는 말은 나에게 '득이 되는 것'이라는 의미지요. 사람은 대개 자기 자신을 위한 게 아니면 원하지 않습니다. 그러한 선, 다시 말해 자기에게 득이 되는 것만이 행동 목표입니다. 그 목표를 이루기 위해 부차적인 목표도 세워지는 것이죠.

아들러의 제자인 루돌프 드레이커스나 노다 슌사쿠가 부적절한 행동 목적으로 지목한 '권력 다툼' '복수'는 앞에서도 지적한 바와 같이 궁극적인 선(행복)을 달성하기 위해 세운 부차적인 목표입니다. 이런 차원에서 보면 우월성 추구도 부차적인 목표 중 하나지요.

🌿 어떻게 우월성을 추구할 것인가

우월성 추구striving for superiority라는 말에는 '위아래'라는 뉘앙스가 담겨 있습니다. 그러나 아들러가 "인생은 목표를 향해 움직이는 것이고, 살아가는 건 진화하는 것"이라고 말했을 때, 리디아 지허는 "진화는 위아래가 아니라 앞을 향해 움직이며 우열은 존재하지 않는다"고 강조했습니다. 우리는 각자의 출발점과 목표를 갖고 전진한다, 어떤 사람은 빠르게 또 어떤 사람은 천천히 나아간다는 말이지요.

그런데 우월성 추구를 할 때 자칫 잘못된 방향으로 나아갈 때가 있지요. 잘못된 우월성 추구란 이런 것들입니다.

1. 타자를 지배하는 것

2. 타자에게 의존하는 것

3. 인생의 과제를 해결하려고 하지 않는 것

이런 성향은 모두 신경증자들이 갖고 있는 특징과 일치합니다.

따라서 신경증자를 이해하는 가장 좋은 방법은 그 환자가 갖고 있는 우월성의 목표와 라이프스타일을 아는 것입니다. 아들러는 신경증자 외에 문제행동을 하는 아이, 범죄자, 일반적인 열등 콤플렉스를 가진 사람도 연구 대상으로 삼았습니다.

증상이 있든 없든 신경증자들은 인생의 과제에 직면했을 때 그것을 해결하려 하지 않습니다. 인생의 과제를 해결하지 못했을 때 갖게 될 패배감이 두려워서 주저하며 시간이 그대로 멈추길 바라지요. 제자리에 멈춰 서는 사람이 있는가 하면, 뒷걸음질 치는 사람도 있습니다. '만약에 내가 ~라면'이라는 가정은 신경증자가 흔히 사용하는 핑계입니다. 만약 태만하지 않았다면 대통령도 될 수 있었다, 만약 그가 결혼만 하지 않았다면 나와 결혼했을 텐데, 라는 식으로 생각하지요.

이들은 '네…… 하지만'이라고 대꾸하면서 과제를 해결하려는 노력은 기울이지 않습니다. "그 일은 하겠다. 하지만……"이라고 조건을 붙여 구실을 끄집어내죠. 'A이기 때문에(혹은 A가 아니기 때문에) B를 할 수 없다'는 논리를 폅니다. '그런 이유라면 어쩔 수 없다'는 근거와 다른 사람도 납득할 만한 근거로 A를 내놓는 겁니다.

아들러는 일상생활에서 사용하는 이런 논리를 '열등 콤플렉스'라고 합니다. 그는 카드놀이에 빠져 있는 아이를 예로 제시합니다. 요즘이라면 컴퓨터 게임에 빠진 아이쯤 되겠지요. 아이들이 컴퓨터 게임에 빠져 공부를 못한다고 말합니다. 좀 일찍 결혼한 청

제5장 인간은 누구나 우월성을 추구한다

년도 '인생이 수월하게 풀리지 않는 것은 결혼 탓'이라는 핑계를 대지요.

유전을 핑계로 재능이 없다고 하는 사람, 지금 자신이 이 모양인 것은 부모의 양육법이 잘못되었기 때문이라고 말하는 사람, 자신의 문제를 성격 탓으로 돌리는 사람도 있지요. 욱하는 성질 때문에 화가 치밀어 사람을 죽이고 말았다는 식이죠. 그렇다고 사람을 죽여도 되는 것은 아니지 않습니까? 아들러의 말을 들어볼까요.

"열등 콤플렉스를 고백한 바로 그 순간 생활의 어려움을 넌지시 암시한다. 어떤 상황의 원인이 될 만한 다른 사정을 드러내기도 한다. 부모나 가족, 충분하게 교육받지 못한 과거 혹은 어떤 사고, 방해, 억압을 거론할지도 모른다."

첫째, 신경증자가 '만일 이 증상이 없었다면……'이라고 말할 때, 그 목적은 경쟁에서 지거나 체면이 구겨지는 사태를 막기 위해서입니다. 어떤 일을 할 때도 반드시 성공한다는 보장이 있을 때만 도전하지요. 실패 확률이 적어도 성공한다는 확신이 없으면 아예 처음부터 도전하려고 하지 않습니다. 실패를 했을 때 받게 될 타격을 두려워하는 겁니다. 외줄타기를 하는 사람이 추락을 예상하고 미리 발 아래에 안전망을 쳐두는 꼴이죠. 증상은 이런 목적을 위해 만들어지는 것입니다.

증상은 인생의 과제에서 도피하기 위한 구실에 지나지 않습니다. 이렇게 신경증적인 구실 혹은 핑계를 제시할 때는 타인뿐 아니라 자기 자신도 속이는 겁니다. 다양한 구실을 내세워 인생의 과제와 직면하려고 하지 않는 사태를 아들러는 '인생의 거짓말'이라고 했습니다.

둘째, 신경증자는 과제를 스스로 해결할 수 없다는 생각에 타자에게 의존적으로 문제 해결을 맡깁니다. 열등 콤플렉스가 깊은 사람은 인생에 도움이 되지 않는 방향으로 나아가면서 다른 사람에게 기대는 것을 구원이라고 여깁니다.

셋째, 신경증자는 우울, 음주, 환각 등의 증상을 통해 주위 사람들을 지배합니다. 우울한 사람은 자신이 얼마나 고통받고 있는지 불평함으로써 다른 사람을 지배하려고 합니다. 주위 사람들은 병에 걸린 사람을 내버려두지 못하지요. 아이가 불안에 사로잡혀 밖에 나갈 수 없다고 하면 부모는 외면하지 못하지요. 불안을 호소하면 밤잠을 설쳐가면서 간병하는 수밖에 없지요. 밤낮없이 자신을 주목하게 하는 데 성공하면 가족을 지배하려 들지요. 불안을 이용해 다른 사람을 지배하는 겁니다. 늘 다른 사람이 자신을 위로하게 만들고, 어디에 가든 자신을 따르게 하려는 것이지요.

화를 냄으로써 상대를 자신이 생각하는 방향으로 이끌려는 사람, 슬픔을 표현함으로써 누군가를 자신의 곁에 붙잡아두려는 사람, 타자를 비난하는 사람은 모두 타인을 지배하려는, 잘못된 우월성 추구의 사례이지요. 잘못된 우월성 추구는 공동체감각에 반합니다. 반면, 올바른 우월성 추구는 공동체감각을 동반합니다.

제5장 인간은 누구나 우월성을 추구한다

공동체감각은 규범적인 이상으로서 우월성 추구에 방향성을 제시합니다.

제6장

세상을 심플하게 사는 법

신경증자의 라이프스타일

우월성을 잘못된 방향으로 추구하는 사람의 행태는 신경증자의 행태와 일치한다고 했는데, 그렇다면 신경증적 라이프스타일은 어떤 것일까요? 굳이 '신경증적 라이프스타일'이라고 표현한 것은 사람에 따라 증상이 나타나지 않는 경우도 있기 때문입니다. 비록 증상이 없어도 라이프스타일은 같기 때문에 반드시 개선할 필요가 있습니다.

공동체감각은 앞에서 살펴본 바와 같이 사람과 사람이 친구로 맺어지는 것입니다. '당신과 함께하는 나$^{me\ with\ you}$'는 공동체감각이지만 '당신에게 반대하는 나$^{me\ against\ you}$'는 신경증이라고 보면 됩니다. 신경증자와 신경증적 라이프스타일을 가진 사람은 친구의 존재를 인정하지 않기 때문에 그들에게 공헌하려 하지 않습니다. 따라서 신경증은 라이프스타일 차원의 문제로 봐야 합니다. 라이프스타일을 개선하지 않으면 증상이 사라져도 다른 증상이 다시 나타납니다. 라이프 스타일은 어떤 형태로든 늘 증상을 드러내기 때문입니다.

신경증은 라이프스타일의 문제이고 생득적인 것이 아니라서 마음먹기에 따라 얼마든지 바꿀 수 있습니다. 단순히 증상을 없앤다고 해결되는 것이 아니므로 시간이 걸리더라도 라이프스타일 자체를 개선해야 합니다.

여기서 신경증적 라이프스타일이 뭔지 정리해보겠습니다.

1. 자신에게는 능력이 없다고 생각한다. 여기서 말하는 능력이란, 인생의 과제를 해결하고 타자에게 공헌하는 능력을 말합니다.

2. 사람들을 자신의 적이라고 생각한다. 신경증자, 문제행동을 하는 아이, 범죄자는 이런 라이프스타일을 갖고 있습니다. 비록 겉으로 표출되는 형태는 달라도 밑바닥에 있는 라이프스타일은 같습니다.

이런 라이프스타일을 갖기 쉬운 아이는 세 가지 타입으로 나눌 수 있습니다. 첫째, 기관열등성이 있는 아이입니다. 이들 중에는 장애를 스스로 적절히 보상함으로써 타자에게 의존하지 않고 자신의 인생 과제에 힘쓰는 아이도 있고, 의존적인 태도로 그 과제를 타자에게 맡겨버리는 아이도 있습니다. 둘째, 응석받이 아이는 자신의 힘으로는 인생의 과제를 풀 수 없다고 생각해 의존적인 스타일이 되고 타인에게 폐를 끼치거나 주목을 받으려 함으로써 그들을 지배하려 듭니다. 셋째, 미움받는 아이는 자신이 어느 누구의 사랑도 받지 못하며 이 세계에서 환영받지도 못한다고 느낍니다.

이런 아이에게 타인은 늘 적일 수밖에 없습니다.

여기서 언급한 타자를 지배하는 것, 타자에게 의존하는 것, 인생의 과제에 힘쓰려 하지 않는 것은 앞에서 살펴본 '잘못된 우월성 추구'의 특징과 같지요.

응석받이 아이들

먼저 응석받이 아이에 대해 생각해보지요. 애정 부족이 아이들의 문제행동을 일으키는 원인이라고 흔히 지적하지만, 실제로는 부모의 애정 과다, 아이의 애정 결핍이 초래하는 문제가 훨씬 큽니다. 부모는 아이를 매우 사랑하고 아이는 충분히 사랑받고 있음에도 여전히 사랑받기를 원하기 때문이지요.

아들러가 프로이트와 대립하게 된 주제 중 하나가 오이디푸스 콤플렉스에 관한 것인데, 아들러는 이 콤플렉스를 보편적인 현상이 아니라 응석을 부리는 혹은 신경증적인 사람의 특별한 사례에 지나지 않다고 보았습니다. 이 콤플렉스의 희생자는 어머니에게 응석을 부리고, 타자에게는 관심을 갖지 않으며, 자신이 원하는 것은 무엇이든 이뤄진다고 믿지요.

이런 응석받이 아이는 어떻게 신경증적인 라이프스타일을 형성하게 된 것일까요? 아들러는 이렇게 말합니다.

"어머니가 과도하게 아이의 응석을 받아주고 태도, 사고, 행동, 말

로 아이에게 쓸데없이 도움을 주면 아이는 곧 착취자가 되어 온갖 것을 다른 사람에게 의존하게 된다. 늘 다른 이의 주목을 받으려고 안달하고, 다른 모든 사람이 자신에게 시중을 들도록 한다. 자기중심적인 경향을 보이고 타자를 억누르며 늘 타자에게 응석부리고, 주는 게 아니라 받는 것이 자신의 권리라고 여긴다. 이 기간이 1~2년 이어지면 공동체감각과 상호협력하는 성향은 발달을 멈춘다.

이런 아이들은 어느 때는 타자에게 의존하고 어느 때는 타자를 억압하려 드는데, 그러다 보면 공동체감각과 협력을 요구하는 세계에서는 극복하기 힘든 반대에 부딪히게 된다. 응석받이 아이들은 환상을 빼앗기면 타자를 책망하고 인생에서 적대적인 원칙만 찾아낸다.

그들의 물음은 비관적이다. 인생에 어떤 의미가 있는가, 왜 나는 내 이웃을 사랑해야만 하는가, 라고 묻는다. 친구 일 사랑이라는 인생의 과제에 직면했을 때 공동체감각이 제 방향을 잡지 못해 충격을 받고 마침내 신체와 마음에 영향을 미친다. 패배를 의식하기 전으로 혹은 후로 도망친다."

아들러는 부모 대다수가 아이를 응석받이로 키우는데 다행히도 이에 저항하는 아이들이 많아 뜻밖에 큰 문제가 되지는 않는다고 말합니다. 지금의 현실도 그러면 좋겠지만 부모에게 응석부리는 아이, 착취자 노릇을 하는 아이가 아들러 시대보다는 더 많지 않을까요?

아이의 문제행동, 신경증, 정신병, 자살, 비행, 약물의존, 성도착 같은 것들은 모두 공동체감각이 결여되어 나타나는 것입니다. 신경증도, 범죄도 아이의 응석을 받아주는 것과 관련이 있습니다. 따라서 아이들이 신경증이 되거나 범죄자가 되는 것을 막기 위해서는 응석을 살펴볼 필요가 있습니다.

아들러는 부모에게 응석부리는 아이는 착취자가 된다고 말합니다. 가령 말을 잘 하지 못하는 아이가 있다고 합시다. 그 아이의 어머니는 "우리 애가 말이 늦다"며 아이의 통역을 자처합니다. 통역이 있으니 아이는 굳이 말하지 않아도 됩니다. 부모가 대신 이야기해주기 때문이지요. 아이가 이야기를 끝내기 전에 부모가 참견하거나 아이 스스로 대답하는 것을 용납하지 않기도 합니다. 이렇게 부모 뒤에 숨어 있는 한 세계는 안전합니다.

어머니는 아이가 이 세상에서 제일 먼저 만난 친구입니다. 그러나 아이가 오직 어머니만 자신의 친구라고 여기게 해서는 안 됩니다. 어머니 말고도 친구가 있으며, 어머니에게로 향하는 아이의 관심을 타자에게도 향할 수 있도록 도와야만 합니다.

그러나 아이를 응석받이로 키우는 어머니는 아이의 관심이 자신 이외의 사람에게로 향하는 것을 용납하지 않습니다. 이러면 아이는 어머니와 결속해 세상과 맞서게 됩니다. 부모가 아이를 착취자로 만드는 셈이지요. '아이 = 어머니 ↔ 세계(타자)'란 등식이 성립되는 겁니다.

어머니는 아이에게 친구일지 모르지만 아이와 어머니가 이런 식으로 결속하면 아이는 세계를 적으로 삼고, 세계(타자)에 관심을 갖지 않게 되며 오로지 어머니에게만 관심을 쏟습니다. 어머니는 어머니대로 아이에게 온힘을 기울이기 때문에 아이는 자립할 수 없을 뿐더러 인생의 과제를 자신의 힘으로 해낼 수 있다는 것도 깨닫지 못합니다. 그 결과 '받는 것'은 알아도 '주는 것'은 배우지 못합니다. 협력해야 할 필요성도 깨닫지 못합니다. 착취자라는 말은 이런 관점에서 타자의 공헌을 착취한다는 뜻입니다.

자립하지 않는 자들의 특징

아기는 살기 위해 부모를 이용해 음식을 입으로 가져갑니다. 말을 못하기 때문에 울음을 통해 주위 어른들이 자신에게 시중을 들도록 하지요. 그러지 않으면 생존할 수 없으니까요. 아기는 사람을 지배는 하지만, 누구에게도 지배받지 않는다는 점에서 가장 강한 존재입니다.

그러나 언젠가는 이런 방식으로 부모와 주위 어른을 지배할 필요가 없는 날이 오고야 맙니다. 아이가 아기처럼 사람을 지배하는 행위를 멈추지 않으면 어른이 될 수 없습니다. 그렇지만 정신적 차원에서 어른이 되기를 거부하고 언제까지나 어린 시절에 머물고자 하는 사람이 있지요. 아무것도 하지 않아도 주위 사람들로부터 필요한 것을 받았기 때문에 안락한 환경에서 나오기 싫은 것이지요. 이런 상황이 영원히 계속될 리 없음에도 어린애 같은 말투로 이야기하거나 자기보다 어린 아이하고만 놀려고 합니다.

그래서 부모는 아이의 응석을 받아주고 아이도 응석을 부리는 상황에 계속 머물려고 합니다. 아이가 잠결에 오줌을 싸고 밤마다 우는 건 세상이 자립과 협력을 요구한다는 걸 아이가 알고 저항하는 것입니다. 부모가 더 이상 응석을 받아주지 않을 때 아이가 보이는 증상 중 대표적인 것이 야뇨증입니다. 밤 시간에 어머니의 주의를 끌어내려는 것이지요. 이런 아이는 혼자 있는 걸 견뎌내지 못합니다.

응석받이 아이는 섭식장애, 야경증, 끊이지 않는 기침, 변비, 말더듬 같은 증상을 보이기도 합니다. 이런 증상은 자립이나 협력을 요구하는 어른에게 항의하는 방식입니다. 억지로라도 타자의 협조를 얻어내려는 반응이지요.

이 같은 증상은 물론 부모의 주목을 받기 위한 것입니다. 주목받지 못하면 그 중심에 서지 못한다는, 건강하지 못한 생각을 하는 겁니다. 이 세상은 결코 나를 중심으로 돌고 있지 않는데도 말입니다. 주목받으려는 태도를 건강하지 못하다고 말하는 또 다른 이유는, 자립하지 않기 위해 그러는 것이기 때문입니다.

부모로부터 자립하기 싫은 또 다른 아이가 있습니다. 부모는 아이가 자립하기를 기대하는 상황이지요. 동생이 태어났으니까요. 그 아이는 이런 말을 듣게 됩니다.

"오늘부터 너는 형이야. 그러니 네가 할 수 있는 일은 너 스스로 하렴."

지금까지 부모에게 의존했던 아이는 자립할 것을 요구받고 저항합니다. 자면서 오줌을 싸는 것도 주목을 받거나 타인을 지배하

려고 하는 것이지요. 낮뿐만 아니라 밤에도 마찬가지입니다. 밤에
부모가 지쳐 있을 때 오줌을 싸면 보다 효과적으로 부모를 곤경에
빠뜨릴 수 있을 뿐 아니라 주목을 이끌어낼 수 있다는 것을 아이
는 잘 알고 있습니다.

특히 이부자리에 오줌을 싸는 아이는 유독 어둠을 두려워 합니
다. 아들러는 아이가 어둠을 두려워하는 원인을 찾는 데 매달리기
보다는 그렇게 하는 목적에 초점을 맞췄습니다. 응석받이 아이는
어둠을 두려워함으로써 부모의 주목을 받으려는 것이지요.

어느 날 밤 어두운 곳에 있는 아이가 평소처럼 웁니다. 어머니는
그 울음소리를 듣고 묻습니다.

"뭐가 무섭니?"

"너무 캄캄해요."

하지만 어머니는 아이의 행동이 무엇을 목적으로 삼고 있는지
알아차리지요. 아이가 어둠을 두려워하는 것은 어머니와 떨어져
혼자 있는 게 싫다는 의미라는 것을 말입니다.

야뇨증 아이는 입 대신 방광으로 말하는 것입니다. 이처럼 심장,
위, 배설기관, 생식기관 같은 기능에서 생기는 장애는 자신의 목
표를 위해 스스로 만들어내는 것입니다. 아들러는 이를 '장기언어
organ dialect, organ jargon'라 불렀습니다.

아이는 자립하는 데 저항하지만 영원히 부모에게 응석을 부리
는 건 아닙니다. 부모가 무엇이든 다 해주는 것에 익숙한 아이라
도 차츰 성장하면서 자신이 이미 관심의 중심에 있지 않다는 것을

알게 됩니다. 그 사실을 알고는 당황하지요.

부모가 계속 아이를 주목하는 것은 잘못된 것이고 불가능한 일이기도 합니다. 그럼에도 불구하고 부모가 주목하지 않으면 불만스러워하는 아이도 있습니다. 부모가 협력을 요구할 때 공연히 반항하고 싸우고 심지어 복수를 꾀하기도 합니다.

응석받이 아이는 더 이상 자신이 주목받을 수 없다는 걸 알았을 때 어머니를 속입니다. 어머니가 지켜주던 익숙한 세계에서 한 걸음만 밖으로 나가도 그곳은 적국입니다. 아이들이 이렇게 느끼는 것은 보육원이나 학교라는 새로운 환경 속에 있을 때입니다. 이제껏 안락한 환경 속에서 자라온 응석받이 아이에게 바깥바람은 몹시 차게 느껴지지요.

사실 라이프스타일은 평소에는 알아차리기 어렵습니다. 어려운 상황에 있을 때 혹은 상황이 변했을 때 또렷이 알 수 있지요. 아이가 학교에 입학했을 때 집에서는 보이지 않던 라이프스타일이 교사의 눈에는 똑똑히 보입니다. 주의 깊고 친절한 교사라면 아이가 입학한 첫날 그 아이의 라이프스타일을 알 수 있습니다.

아마 부모는 '이 세상은 장밋빛'이라고 가르쳐왔겠지요. 물론 이 세계를 비관적으로 묘사하는 것도 잘못이지만 세상을 미화만 하는 것도 문제입니다. 응석받이 아이가 가진 세계상은 현실과 직면했을 때 나쁜 것이 되어버리기 때문이지요.

자립을 거부한 응석받이 아이는 돌변하여 '미움 받는 아이'가 됩니다. 미움 받는 아이는 이렇게 왕좌에서 굴러 떨어진 첫째 아이처럼 부모의 미움을 받고, 사랑받지 못한다고 생각하는 아이를 말하는 겁니다. 이 같은 상황에서도 잃어버린 왕좌를 탈환하기 위해 아무 노력도 하지 않으면서 자신의 권리라고 여겼던 타인의 사랑을 얻고자 합니다. 성장한 후에도 이런 성향은 변함없이 계속되지요.

어른이 되어도 달라지지 않는다면

이런 아이들은 성장해도 타자가 자신에게 무엇을 해주는가에만 관심을 기울입니다. 자신의 기대를 채워줄 사람이 늘 있으면 좋겠지만 타자가 반드시 그 기대를 채워주지는 않습니다. 이 당연한 사실을 깨달았을 때 반발하고 반항하고 공격적으로 변합니다.

그렇게 행동하면서도 여전히 타자의 사랑은 갈구하지요. 그 중에는 주위 사람들이 자신을 돕게끔 만드는 사람도 있습니다. 이들은 세계와 관계하는 또 다른 방법이 있다는 것을 모릅니다. 그러나 유감스럽게도 아무 노력도 하지 않는 사람을 세상이 받아줄 리 만무합니다. 그런데도 이런 일을 겪으면 자신이 혹독한 일을 당했다고 생각하지요.

형제가 생기든 그렇지 않든 응석받이 아이는 하나 같이 미움 받는 아이가 됩니다. 우리는 응석받이 아이를 호의적으로 생각하지 않습니다. 따라서 사회는 물론 가족도 아이의 응석이 계속되는 것을 원하지 않습니다. 아무런 공헌도 하지 않고 늘 주목을 받는 것은 적절하지 않기 때문이지요.

세계와 관계하는 지금의 방식과는 다른 방식이 있다는 것을 응석받이로 성장한 사람은 알지 못합니다. 진짜로 미움 받는 아이, 무시당하는 아이는 없습니다. 원래부터 그런 아이는 살아갈 수 없기 때문이지요. 그러나 앞서 보았듯이 경험을 통해 세상을 그릇된 관점으로 보게 되는 것입니다.

아들러가 응석받이 아이의 문제를 다루는 그 밑바탕에는 프로이트에 대한 비판이 깔려 있습니다. 프로이트는 이렇게 말했습니다.

"우리가 짊어진 인생은 매우 가혹하다. 너무도 많은 고통과 실망, 해결하기 어려운 과제를 준다. 그 인생을 견뎌내려면 진통제 없이는 불가능하다."

프로이트는 그 진통제로 3가지를 꼽습니다. 강력한 흥미, 대상적 만족, 그리고 마약입니다.

그렇다면 인생은 왜 괴로운 것일까요? 그 원인은 3가지입니다. 끝내 늙어 죽어갈 운명인 신체, 압도적이고 무자비하고 파괴적인 힘으로 인간을 덮치는 세계, 그리고 타자와의 관계가 그 원인이지요. 타자와의 관계에서 발생한 역경은 다른 두 가지의 역경보다 감당하기 힘들지요. 이 역경으로부터 몸을 지키는 가장 자연스러운 방법은 '적극적으로 고독해지고 타자로부터 멀어지는 것'입니다.

응석받이 아이나 그 상태로 어른이 된 사람이 '인생은 고통'이라고 생각하는 것은, 그런 식으로 생각해야 대인관계에서 멀어지는 걸 정당화할 수 있기 때문입니다. 이런 사람은 오직 타자가 나

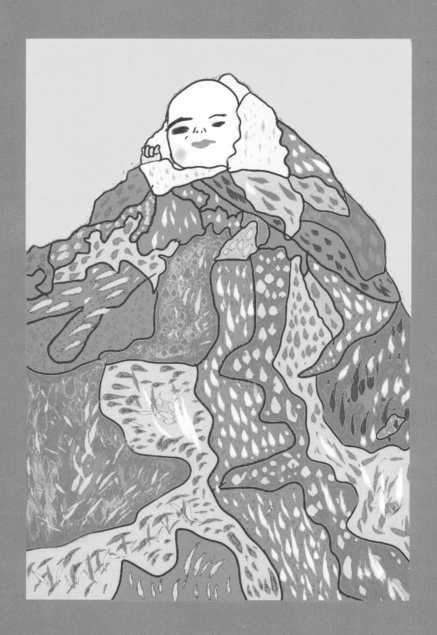

에게 무엇을 해줄 것인가만 기대합니다.

인생은 괴로운 것이고, 우리에게 고통을 가져오는 것은 타자와의 관계라는 프로이트식 사고를 현대인은 널리 받아들이고 있습니다. 아닌 게 아니라 타자와의 관계는 쉽지 않습니다. 그렇다고 해서 타자와의 관계를 피하라고 조언할 수는 없습니다. 타자는 적이 아니라 친구이고, 그런 친구와 맺어져 그들로부터 도움을 받아야 하지요. 결국 친구는 자신의 존재 근거입니다. 이런 관점에서 보면 아들러의 사상은 대인관계에서 벗어남으로써 인생의 고통을 떨쳐내려고 했던 프로이트와는 확연히 다릅니다.

🌿 신경증은 어떻게 작동하는가

응석받이 아이는 기관열등성이 있는 아이, 미움 받는 아이와 마찬가지로 신경증적인 라이프스타일을 갖게 되고, 실제로 신경증을 드러내기도 합니다. 신경증 상담을 할 때, 저는 이런 질문을 합니다.

"이 증상이 나타나면서 할 수 없게 된 일이 있습니까?"

"이 증상이 해소되면 무엇을 하고 싶으십니까?"

안면홍조증이 있는 어떤 여성은 병이 나으면 무엇을 하고 싶냐는 질문에 연애를 하고 싶다고 하더군요. 이 대답을 통해 이성교제가 그녀의 인생 과제이고, 그녀가 그 과제를 해결할 수 없다고 생각한다는 것을 알 수 있었습니다.

그녀의 논리는 안면홍조증이 있어서 연애를 할 수 없다는 것입니다. 긴장해서 제대로 말도 할 수 없는 상태이다 보니 남자와 사귈 수 없는 원인으로 안면홍조증을 끄집어 낸 것이지요. 그러나 조금만 생각해보면, 안면홍조증이 이성교제에 치명적인 장애가 되는 것은 아니라는 것을 알 수 있지요. 처음 만난 자리에서 수줍어 하지 않고 논리적으로 당당하게 대응하는 여성보다 수줍어하는 여성에게 끌리는 남성도 분명히 있을 테니 말이죠.

그런데 이 여성은 어떻게 안면홍조증을 갖게 된 것일까요? 이때도 왜라는 물음을 통해 원인을 알려고 하기보다는 목적을 아는 게 중요합니다. 아마도 원만치 않은 대인관계가 심리 밑바탕에 있었을 거라고 생각합니다. 주변에는 대인관계에 능한 사람이 있을 것이고, 그 사람에게는 이성 친구도 많을 것입니다. 그런 사람에게는 도저히 대적할 수 없다는 생각에 급기야 경쟁의 장에서 내려오려고 하지요.

그러나 그 경쟁에서 그냥 내려올 수는 없습니다. 어느 누구도 경쟁에서 지고 싶지는 않으니까요. 그러니 체면을 세울 구실로 안면홍조증이 필요했던 것이지요. 안면홍조증이 있어서 이성과 사귈 수 없지만, 이 증상만 없었으면 나도 연애할 수 있다고 생각하는 것이죠. 이런 구실을 내세우면 자기 자신도 충분히 납득시킬 수 있지요.

사실 이성과 사귀는 문제와 이런 증상과는 전혀 상관없습니다. 커뮤니케이션 훈련을 받기만 하면 타인과 관계 맺는 게 그리 어려운 일도 아닙니다. 물론 이성교제에서 늘 자신이 바라는 결과를 얻을 수는 없습니다. 그렇다고 애초부터 이성교제를 단념할 필요는 없겠지요.

과제 달성이 어려울 때 거기서 벗어나려는 라이프스타일을 아들러는 '모든 것이거나 아무것도 아니거나'라는 말로 설명합니다. 이는 신경증에 국한된 게 아닙니다. 공부하려고 하지 않는 아이에게 당신은 "너도 하면 된다"고 말하지요. 하지만 그런다고 해서 아이가 공부를 하려고 하지는 않을 겁니다. 왜냐하면, '하면 된다'는 '가능성'을 남겨두고 싶으니까요.

충격을 수용하는 방법

아들러는 신경증을 이렇게 말합니다.

"누군가 비난을 집중적으로 쏟아내면 충격을 받는데, 인생의 과제를 위한 준비가 되어 있지 못할 때 이 상태가 계속 이어진다. 그런 사람은 과제를 앞에 두고 멈춰서고 만다. 신경증자에게서 우리가 봐온 것은 고통이다. 결코 쾌적한 게 아니다.

만약 내가 누군가를 준비되지 않은 과제에 직면하게 하여 두통을 초래했을 때는 주의할 게 있다. '신경증자는 고통을 스스로 만들거나 병에 걸리고 싶어 한다'는 식의 생각을 버려야 한다. 물론 그런 상황은 분명히 고통스럽다.

그러나 과제를 해결할 때 자신이 무가치해 보이지 않도록, 큰 고통보다 지금의 고통을 선택한다. 그러면서 신경증자는 온갖 신경증 고통을 참는다. 자신에게 가치가 없다는 것이 분명해지는 현실

앞에서는 누구나 완강하게 저항할 테지만, 신경증자는 그 정도가 심하다. 특히 과민, 짜증, 강한 정념, 개인적인 야심을 머릿속에서 생생히 떠올릴 수 있는 사람은 자신이 그런 현실 속에 있다고 믿는 한 앞으로 나아갈 수 없다는 것을 알아야 한다.

그렇다면 이런 상황에서 정신상태는 어떻게 될까? 그 사람이 그 상황을 만든 것도 원한 것도 아니지만 정신적인 충격을 받은 결과, 패배감을 느낀 결과, 가치 없다는 게 드러날까봐 두려워한 결과, 충격 상태에 빠진다. 문제는 그 충격과 싸우지도 않고, 충격에서 자신을 해방하기 위해서 어떻게 하면 좋은지도 알지 못한다는 점이다. 오로지 충격이 없어지길 바라고, 상황이 호전되길 원하고, 증상에서 벗어나고자 의사의 진찰을 받는다.

그러나 가장 두려운 상황이 있다는 사실을 깨닫지 못한다. 자신에게 가치가 없다는 사실이 밝혀지는 것, 그 어두운 비밀이 분명해질지도 모른다는 사실 말이다."

타인의 비난으로 받은 충격이 얼마나 지속되는가는 사람에 따라 다릅니다. 자극을 받았다고 해서 일률적으로 똑같은 경험을 하는 게 아니지요. 자신의 목적에 적합한 방법으로 경험에 의미부여를 하기 때문입니다.

제 아들이 초등학생 때의 일이었습니다. 텔레비전에서 또래 남자아이가 수영장 배수구에 발이 빠져 익사할 뻔한 장면(재현된 영상)을 본 적이 있습니다. 아이는 무사히 구조되었지만, 아이가 괴로워하는 모습을 보고 아들은 한동안 욕실에 들어가지 않았지요.

아들은 곧 그 장면을 잊어버렸는데, 다른 아이라면 그것을 오래 기억했을 수도 있지요. 이렇게 자신에게 충격을 준 사건은, 주어진 과제를 해결할 수 없을 것 같다고 판단했을 때 그 과제에서 도망치려는 사람들에게 좋은 구실이 되지요.

타자에게 관심이 없고 나만 생각하는 아이는 '외부 세계는 무서운 곳'이라는 말만 듣고 그것을 핑계 삼아 일을 하지 않으려 하기도 합니다. "학교나 바깥사회에 나가지 않겠다. 밖은 무서운 세상이다. 그러나 집에 있으면 부모가 지켜준다. 나는 집에서 아무것도 안 해도 주목을 받을 수 있다." 이런 식으로 생각하게 되지요.

만약 아이가 학교에 가지 않겠다고 말했다고 합시다. 하지만 그것과 텔레비전을 보고 충격을 받은 것과는 전혀 인과관계가 없습니다. 다른 일로 충격을 받았더라도 마찬가지입니다. 그저 죽음이 두렵다는 구실을 내세워 자신이 직면한 인생의 과제에서 도피하려는 것이지요.

어린 시절의 경험은 아이의 마음에 새겨진 살아있는 비문과 같습니다. 아이는 그것을 간단히 잊지 못합니다. 그러나 타인과 협력하는 훈련을 통해서 그 영향을 지울 수는 있습니다.

좋은 의도만으로는 충분하지 않다

아들러는 신경증을 한층 더 깊게 들여다 보면서 이렇게 말합니다.

"신경증자는 모두 좋은 의도를 갖고 있다. 공동체감각이 필요하다는 것도, 인생의 과제에 직면해야 한다는 것도 납득한다. 그러나 자신만은 이 보편적인 요구에서 예외라고 말한다. 이를 위한 핑계가 신경증이다. 신경증자는 '내 모든 문제를 해결하고 싶어 견딜 수 없다. 그러나 불행히도 나는 방해를 받고 있다'고 생각한다."

신경증자는 자신이 좋은 의도를 갖고 있다는 것만 보여주면 충분하다고 생각합니다. 그러나 그것만으로는 부족하지요. 우리가 사는 사회에서 중요한 건 어떤 일이건 실행에 옮겨 결과를 만들어내는 것입니다.

'만약에 ~라면'이라는 가정은 신경증자가 애용하는 사고방식이라고 앞에서 지적했습니다. 그들은 그러면서도 결국에는 '네 ~하지만'이라는 대답을 하면서 과제를 회피하려고 하지요. 신경증자는 공동체감각이 필요하다는 것, 인생의 과제에 직면하지 않으면 안 된다는 것을 충분히 받아들이고 있기 때문에 "네"라고 대답은 하는 겁니다. 그런데 그래 놓고도 불가능한 이유, 자타가 인정할 만한 핑계를 그럴 듯한 말로 갖다 붙이지요. 자신의 과제 해결을 방해하는 게 바로 자신이라는 걸 모르는 겁니다.

신경증자는 '만약에 ~라면'이라고 가정했던 일이 일어나지 않을 수 있음에도, 일단은 그렇게 가정함으로써 인생의 과제를 미룹니다. 이러한 신경증자의 논리는 '지금 여기'서 살아가는 것을 막습니다. '지금 여기서' 말고는 행복할 수 없는데도 말입니다.

광장공포증은 왜 생기나

위험으로 가득한 바깥 세상으로 나가지 않으려고 광장공포증이라는 증상을 만드는 경우도 있습니다. 세계는 위험으로 가득하고 타인은 적이므로 밖으로 나가서는 안 된다고 생각하는 것이죠. 어린 시절의 상황을 재현하는 것입니다. 아이와 그 아이를 지키는 유일한 친구인 부모가 세계와 마주하게 되는 그때, 세계는 위험하다고 생각해 보호받지 못하는 바깥 세상으로 나가지 않으려고 하는 겁니다.

이런 증상을 일으키는 또 다른 목적은, 자신을 지켜주는 사람으로부터 보살핌을 받으려는 것입니다. 어느 응석받이 여성은 자신이 주목받기 위해 아이를 낳고도 그리 기뻐하지 않았습니다. 자신이 아니라 아이가 주목받게 되는 현실에 두려움을 느꼈기 때문입니다.

산후 조리를 마친 아내를 남겨두고 남편이 파리로 휴가를 떠났습니다. 그곳에서 남편은 여러 사람과 만나 멋진 시간을 보내고 있다는 편지를 아내에게 보냈지요. 남편의 사랑을 잃게 되는 건 아닌지, 자신이 잊혀지는 건 아닌지 두려워하던 아내는 남편에게 사랑받는다고 믿었던 과거만큼 지금은 행복하지 않다는 생각에 우울해져 광장공포증을 갖게 됩니다. 혼자서는 밖에 나갈 수 없어 남편은 늘 그녀 곁에 있어야만 했지요. 아내는 광장공포증으로 남편의 주목을 이끌어내는 데 성공했고 집에 있는 한 불안하지 않았습니다. 집에는 늘 자신을 보살펴주는 남편이 있었기 때문입니다. 아들러는 그녀의 증상을 이렇게 설명합니다.

"제거해야 할 마지막 장애는 그녀를 신경 쓰지 않는 사람, 이를 테면 거리에서 오가는 사람과 마주칠 때 느끼게 되는 두려움을 없애는 것이다. 그 두려움은 자신이 주목의 중심에 설 수 없는 온갖 상황들을 배제하려는 광장공포증 때문에 생긴다."

결국 바깥 세계가 위험하다는 생각 때문에 밖에 나가려 하지 않음으로써 밖으로 나갔을 때 겪게 될, 아무도 자신을 주목해주지 않는 상황을 피하려 했던 것입니다.

🌿 아직 오지도 않은 불행도 핑곗거리

나쁜 일이 생길 거라는 게 정해진 것도 아닌데, 장차 일어날 일은 반드시 나쁠 것이라고 생각하는 사람이 있습니다. 예컨대 죽음을 무조건 나쁜 것이라고 믿는 사람이 있지요. 사실 죽음이 어떤 것인지는 아무도 알지 못합니다. 그럼에도 불구하고 죽음을 나쁜 거라고 생각하는 데는 이유가 있지요. 미래에 일어날 일, 즉 아직 벌어지지도 않은 일이 현재 상황을 만든 원인이 된다고 결정해 버리는 것입니다. 이런 생각을 '미래를 향한 원인론'이라고 부릅니다.

자신은 영원히 행복해질 수 없고 모든 일에 낙담하게 될 것이라고 생각하는 아이가 있습니다. 이런 아이들은 자신이 있을 만한 곳을 잃게 되고 다른 사람이 자신보다 사랑받는 건 아닌지 두려워합니다. 어린 시기에 힘든 체험을 했기 때문에 그 비극이 다시 일어나는 것은 아닐까 맹목적으로 무서워하는 것이지요.

이런 두려움을 가진 사람은 결혼생활을 할 때도 질투하고 의심합니다. 상대의 애정이 식었다는 증거를 끊임없이 찾아냅니다. 아주 작은 일도 흘려 넘기지 않고 늘 의심합니다. 다른 사람이 나보다 사랑받는 건 아닌가 두려워하는 것은 응석받이 아이의 특징과 같습니다. 부모의 애정과 타인의 주목을 받다가 잃어버린 경험은, 지금의 삶의 방식은 물론 미래의 삶마저 규정해버립니다. 실제로 그런 일이 일어나지 않을 수도 있는데 미래에 일어날 애정 상실 체험을 미리 생각해 자신이 불행하다고 생각하려는 것입니다. 그렇게 생각함으로써 자신이 불행하다는 것을 납득시킬 수 있으니까요. 비록 지금은 행복해도 장차 그것을 잃게 됐을 때 받게 될 충격을 줄여보려는 것이지요.

🌿 신경증은 치료보다 예방

신경증자를 치료할 때 증상을 없애는 것만으로는 충분하지 않습니다. 신경증자는 과거나 미래를 지금 증상의 원인으로 내놓습니다. 인생의 과제를 해결할 수 없다는 핑계를 대려는 것입니다. 넓은 의미에서 보면 이런 원인론도 목적론에 포함됩니다.

신경증자가 사용하는 논리는 이미 살펴보았듯 사후논리지요. 사후논리로 증상의 원인을 분석하는 것은 얼핏 보면 현재 상황을 설명해주는 것 같지만 책임을 타자나 과거의 사건에 전가할 따름입니다. 신경증에서 벗어나도록 돕지는 못하지요.

중요한 건 이제까지 어땠는지가 아니라 앞으로 어떻게 할 것인가가 아니겠습니까. 따라서 증상을 없애는 것보다는 라이프스타일 개선을 우선적으로 생각해야 합니다. 우월성 추구와 함께 공동체감각을 가져야 하고 더 나아가 자기중심적인 세계상을 바꿔야 합니다.

아들러는 치료보다는 예방을 중요하다고 생각했습니다. 신경증이 일어나기 전에 예방하고, 아이들이 범죄자가 되지 않도록 예방한다는 차원에서 육아와 교육에 신경을 써야 한다는 겁니다. 그것이 곧 공동체감각을 키우는 방법이기 때문입니다.

아들러가 사전논리로서 이상을 내세우고, 카운슬링에서 예방이 중요하다고 강조한 것은 인간에 대한 무한한 신뢰가 있었기 때문입니다. 사람은 얼마든지 변할 수 있다고 믿었던 것이지요.

그러나 대부분의 심리학은 결정론 위에 서 있습니다. 신경증 증상이나 문제행동에는 원인이 있고, 원인이 되는 과거의 사건 혹은 외적인 사건이 그것을 초래했다고 생각합니다. 그런 관점으로 보면 원인을 제거하는 것 말고는 치료법이 없기 때문에 온전한 치료가 불가능합니다. 과거에 원인이 있다고 해서 과거로 거슬러 올라갈 수는 없으니까요.

그러나 목적론의 초점은 미래에 있습니다. 미래는 얼마든지 바꿀 수 있다는 것이지요. 신경증이나 문제행동은 어떤 특정한 원인 때문에 일어나는 것이 아닙니다. 대인관계 속에서 잘못된 목적을 설정하였기 때문에 그런 게 필요한 겁니다. 응석받이 아이와 자기 가치를 인정하지 않는 사람은 부적절한 방법으로 주위 사람들의 주목을 받으려고 합니다. 그러다 보니 소극적인 사람은 신경증자가 되고, 적극적인 사람은 문제행동을 하게 되는 겁니다.

아들러가 제안하는 카운슬링은 원인론 편에 서 있는 심리학과는 근본적으로 다를 수밖에 없습니다. 치유는 지적인 방법에 의해서만 가능합니다. 즉 환자가 자신의 잘못을 깨닫고 공동체감각을 발전시킴으로써 치유될 수 있습니다. 자신이 행하는 것이 선이 아니라는 것, 다시 말해 자신을 위한 것이 아니라는 것, 이제까지와 다른 인간관계가 존재한다는 것, 이 두 가지를 이해시키는 것이 카운슬링의 핵심입니다. 모든 것이 외적 요인에 의해 결정되는 것은 아니며 사람에게는 자유의지가 있다는 것을 알려주어야 하는 겁니다. 비록 무의식적으로 익힌 라이프스타일이더라도 카운슬링을 통해 그 잘못을 알도록 재교육해야 하는 것입니다. 아울러 규범으로서 공동체감각을 배우면 기존의 라이프스타일에서 벗어날 수 있습니다. 구체적으로 어떻게 하면 좋은지는 다음 장에서 살펴보지요.

신경증에서 벗어나기

아들러의 후계자인 리디아 지허는 이 세계는 단순한데, 그것에 신경질적으로 의미부여를 함으로써 세상을 복잡하게 보고 있는 것이라고 말합니다. 라이프스타일을 바꾸면 신경증에서 벗어나 심플한 세계에서 살 수 있다는 겁니다. 신경증적인 라이프스타일에서 벗어나기 위해서는 '잘못된 우월성 추구'의 요건을 뒤집으면 됩니다. 그 요건을 다시 정리해보겠습니다.

1. 타자를 지배하는 것

2. 타자에 의존하는 것

3. 인생의 과제를 해결하려 하지 않는 것

따라서 이런 요건을 올바른 방향으로 바꿔야 합니다. 그 방향은 공동체감각을 동반하는 겁니다.

1. 타자를 지배하지 않는다

2. 타자에 의존하지 않는다(자립한다)

3. 인생의 과제를 해결한다

공동체감각이 없는 사람은 자신을 세계와 분리시키고 타자를 적이라고 생각합니다. 타인은 적이므로 그에게 공헌하려고 하지 않지요. 따라서 건강한 라이프스타일은 신경증적 라이프스타일과 반대라고 생각하면 됩니다. 그렇다면 신경증적 라이프스타일의 특징은 무엇일까요?

제6장 세상을 심플하게 사는 법

1. 나는 능력이 없다고 생각한다

2. 사람들을 적이라고 생각한다

따라서 건강한 라이프스타일로 이렇게 바꿔야 합니다.

1. 나는 능력이 있다고 생각한다

2. 사람들은 나의 친구라고 생각한다

응석받이 아이들, 응석받이 라이프스타일로 살아가는 어른 모두 이 세계가 위험한 곳이 아니라는 것을 알아야 합니다. 세계는 나를 중심으로 돌고 있지 않지만, 세상 안에 내가 머물 곳이 있다는 것을 알아야 합니다.

자신에게 친숙했던 라이프스타일을 바꾸는 건 결코 쉽지 않습니다. 그러나 되돌릴 수도, 바꿀 수도 없는 과거에 의해 현재와 미래가 규정되는 건 아니란 것을 알아야 합니다. 지금까지의 라이프스타일을 대신하는 새로운 라이프스타일로 새롭게 살아갈 수 있다는 생각을 할 수 있도록 도와주는 것을 '용기 부여'라고 합니다.

"치유의 어느 단계에 있든 용기 부여의 방향은 지켜져야 한다. 이 용기 부여는 누구든 무엇이든 해낼 수 있다는 개인심리학의 확신에 의해 이뤄진다."

아들러 심리학의 치료·육아·교육은 모두 용기 부여에서 시작되어 용기 부여로 끝납니다.

제7장

인생의 과제와 용기 부여

빈에서의 활약

오스트리아–헝가리 제국이 제1차 세계대전에서 패배하면서 오스트리아는 황폐해졌습니다. 식량은 부족했고 전염병이 유행했습니다. 의료품을 구하기도 힘들었지요. 도덕은 추락했고, 범죄는 급증했습니다.

이 와중에 사회민주당이 실권을 잡았습니다. 노동자를 위한 아파트를 건설하고, 무료진료소를 설치하고, 학교나 사회시설을 늘립니다. 특히 사회민주당이 힘을 쏟은 일은 일련의 교육개혁인데 노동자 계급의 자녀들도 평등하게 교육을 받을 수 있도록 교과서 무상 배포, 학생과 교사를 위한 도서관 설립, 체벌 금지 등을 법제화했습니다. 아들러의 오랜 친구인 사회주의 교육가 칼 푸르트뮐러도 이러한 교육개혁에 힘을 보탰습니다.

교육개혁의 일환으로 아들러는 1919년부터 1920년까지 빈에서 아동상담소를 엽니다. 문제학생을 어떻게 처리해야 하는지 조언을

구하는 교사가 주요 상담 대상이었지요. 아들러는 교사가 지켜보는 가운데 해당 아이와 부모를 상담했습니다. 아들러의 무료 상담은 널리 알려져 부모들의 관심을 끌었고 개인심리학에 정통한 정신과 의사와 심리학자로 팀을 꾸려 매주 한두 차례 학교에서 아이와 부모를 면접했지요. 상담은 무료로 누구나 응할 수 있었습니다.

푸르트뮐러는 교사들이 아이들을 강압적으로 가르치지 않도록 훈련시킬 필요가 있다고 생각했습니다. 그러나 보수적인 빈 대학의 이사진들은 동의하지 않았고 아들러와 그에 동조하는 개혁자들의 교육에 대항해 독자적인 교육연구소를 설립했지만, 아들러를 지지하는 교사들이 빈 교육위원회로 옮겨가 아들러를 1924년 이 연구소의 교수로 채용하기에 이릅니다.

아들러의 강의는 청강자인 교사가 제출한 사례 보고를 근간으로 이뤄졌습니다. 아들러가 교육연구소에서 했던 이 강의에는 1924년부터 1927년까지 600여 명의 교사가 참가했습니다. 교육연구소의 성공으로 빈 시는 1927년까지 이곳을 졸업한 교사만 고용하였습니다. 새로운 교육적 틀을 형성해 놓은 것이지요.

아들러는 전문용어를 사용하지 않고 강의를 진행했습니다. 전문용어를 사용하지 않은 건 아들러가 창시한 개인심리학의 특징이기도 합니다. 빈 대학 의학부의 지적 엘리트주의에 대한 반발이 아니었을까 싶습니다. 아카데미즘 밖에 있었던 아들러는 진료소를 고급 주택가가 아닌 서민층 마을에 열었습니다. 진료를 받으러 오는 사람들은 가난해 때로는 치료비를 면제해 주었습니다. 그야

말로 정열과 에너지를 아낌없이 쏟아부었습니다.

역경에 도전하는 정신

개인심리학은 오스트리아를 넘어 국제적으로 인정받게 됩니다. 아들러는 유럽 각지는 물론 미국에서 강연하게 되면서 점차 미국에 체류하는 일이 많아졌습니다. 뉴욕에서 강의를 하게 되고, 롱 아일랜드 의학대학 교수가 됩니다. 처음에는 빈에서 일 년 중 2개월 정도 머물고 나머지는 미국에서 활동했지만, 히틀러 나치당이 정권을 잡게 되자 1934년 미국으로 건너갑니다. 그가 처음 뉴욕에 간 것은 1926년 56세 때였는데 런던에서 출발하던 날 밤 아들러는 이런 꿈을 꾸었습니다.

"예정대로 배를 탔는데 돌연 배가 뒤집혀 가라앉았다. 배에는 아들러와 친한 사람들이 모두 타고 있었는데, 엄청나게 큰 파도에 배가 부숴졌다."

심리치료사 호프만은 아들러 자서전에서 그가 미국으로 출발하기 전날 밤 지독한 자신감 상실과 불안 발작을 경험했다면서 그의 꿈 이야기를 이어갑니다.

"배가 바다 속으로 가라앉았지만 사납게 일렁이는 파도 속에서 죽을힘을 다해 헤엄쳐 드디어 육지에 무사히 도착했다."

아들러가 꾼 꿈은 신천지 미국에서 새로운 인생을 어떻게 살아야 하는가를 잘 나타내고 있습니다. 아들러는 영어로 강연하면서 자신 감이 붙을 때까지 매일 영어 공부를 했습니다. 자동차 운전을 하게 된 건 그의 나이 예순 때의 일입니다. 영어를 배우는 것도, 운전을 배우는 것도 쉽지 않았을 것입니다. 하지만 영어가 완벽하지 않다고 해서 강연이라는 과제를 피할 수는 없었습니다. 그것은 인생의 과제를 피하기 위해 신경증자가 핑곗거리를 찾는 것과 다를 바 없는 것이니까요. 이렇게 역경에 직면한 아들러의 용기는 꿈속에서 죽을힘을 다해 헤엄쳐 육지에 다다르는 모습으로 표현된 게 아닌가 싶습니다. 아들러는 결국 자신의 불안을 멋지게 극복합니다.

아들러의 신경증 이론은 독창적이지만, 단순히 이론으로 주장하는 데 그치지 않았습니다. 이미 보았듯이 아들러 자신이 몸소 실천했습니다. 신경증자는 과제를 앞에 두고 온갖 핑계를 대며 거기서 도망치려고 하는데 아들러는 그러지 않았지요.

많은 나이에도 불구하고 영어를 공부하는 모습에서 아들러가 타자를 보는 기본적인 사고방식을 볼 수 있습니다. 영어 구사력이 완전하지 않아도 미국인들이 자신의 강연을 들어줄 것이라고 확신했습니다. 미국에서 아들러의 강연은 전대미문의 호평을 받았습니다. 미국을 싫어했고, 지적이고 초연했던 프로이트와 달리 아들러는 누구에게건 자신의 생각을 즐겨 들려주었습니다.

1927년 미국에서 영어로 번역된 〈인간 지^知의 심리학〉이 출간되자 베스트셀러가 됩니다. 영어권에서 처음으로 호평을 받은 아들러의 책이지요. 활동 거점을 빈에서 미국으로 옮긴 아들러가 1928

년 겨울 뉴욕에 도착할 무렵에는 전년도 가을에 출판된 영어 번역본이 일찌감치 2쇄를 발행했고 마침내 밀리언셀러가 되었습니다.

오늘날 관점에서 보면, 노하우 북도 아닌 책이 호평을 받은 것은 출판사의 적극적인 마케팅 때문만은 아닙니다. 독자들은 이 책에 전문용어가 거의 등장하지 않는다는 사실을 알아차렸을 것입니다. 빈의 국민집회소에서 했던 강연을 토대로 한 것이어서 이해하기 쉬웠지요. 서평가들도 이 책의 독창성과 명석함에 감명을 받았습니다. 인간 본성에 관한 지식은 전문가들의 전유물이 아니라는 점도 그렇거니와 공동체감각, 용기 부여, 낙관주의에 근거한 삶의 지침을 누구나 쉽게 이해할 수 있게 썼다는 점이 통한 것입니다. 아들러의 사상은 여러 권의 책으로 출간되면서 신천지 미국에서 한층 꽃을 피우게 됩니다.

🌿 세상을 바꾸는 교육

미국에서 그는 유럽 교육 현장과 다른 모습을 봅니다. 손을 무릎 위에 얹은 채 조용히 앉아 있게 하거나, 움직이는 걸 용납하지 않는 학교가 없다는 사실에 놀랍니다. 빈의 낡은 교육 방식과는 너무도 대조적이었지요.

빈에서 의사가 되기 위해서는 6세부터 10세까지 초등학교에 다녀야 하고, 8년간 김나지움에서 공부한 뒤 대학 의학부에 진학해야만 했습니다. 아들러는 1879년에 김나지움에 입학했습니다. 14년 전 프로이트가 다녔던 곳이지요. 이곳에 입학하기 위해서는 10세가 되어야 하지만, 부모는 아들러의 나이를 한 살 속여 입학시켰습니다. 그러나 성적이 부진해 첫 해에는 낙제를 했습니다. 특히 수학을 어려워했습니다.

부모의 지나친 기대감도 그렇거니와 경쟁의식 강한 반 친구들보다 한 살 어렸던 그는 학교에 적응하는 데 어려움을 겪었습니다. 아버지 레오폴트는 성적이 부진한 아들에게 화를 내며 구두 수선공 제자로 보내버리겠다고 윽박질렀습니다. 이 협박이 얼마나 무서웠던지 아들러는 열심히 공부한 끝에 곧 성적을 올렸고 서툴렀던 수학도 극복했습니다.

어느 날 교사가 어려운 문제로 쩔쩔 매고 있었습니다. 그때 아들러는 그 답을 알고 있었지요. 이 사건을 통해 수학에 대한 마음가짐이 완전히 달라졌습니다. 수학을 보다 즐겁게 공부했고 기회가 있을 때마다 수학 실력을 높이기 위해 노력했지요. 이때의 경험 덕분에 아들러는 재능이나 유전의 영향을 인정하지 않게 되었고 누구나 자신에게 부여된 한계를 없앨 수 있다고 주장하게 됩니다.

과제를 달성하기 위해서는 당연히 노력이 필요하며, 불가능한 것만 아니라면 대개는 해결할 수 있습니다. 아들러는 로마 시인인 베르길리우스의 말을 인용해 "가능하다고 생각하면 할 수 있다"고 말합니다. '할 수 없다'는 생각이 고정관념이 되지 않도록 없애버려야 한다는 겁니다. "누구든 무엇이든 할 수 있다"는 아들러의 말은 이 같은 맥락에서 이해해야 합니다.

교육에서 가장 큰 문제는 아이가 자신에게 한계가 있다고 생각하는 것입니다. 아이가 유전이나 재능을 핑계 삼아 할 수 있는 일까지도 회피하려는 건 특히 문제가 됩니다. 아이든 어른이든 관심만 있다면 얼마든지 이해하기 위해, 해결하기 위해 노력해야 하지요.

구두 수선공에게 보내겠다는 아버지의 협박에 성적이 올랐다고 했지만, 아들러의 교육론에 비추어보면 이처럼 강제로 이뤄지는 교육은 바람직하지 않습니다. 그런 점에서 아버지는 반면교사가 된 셈이지요.

아들러는 1881년에 다른 김나지움으로 옮겨 그곳에서 18세까지 다닌 끝에 대학 입학자격을 얻습니다. 이곳에서의 단조롭고 엄격한 교육도 그에게는 반면교사가 되었을 것입니다. 규격화된 커리큘럼 속에서 교사는 일방적으로 가르쳤고 김나지움의 최종학년인 18세 학생마저 어린애처럼 다루었지요.

"졸업생들이 성취한 예술과 과학 분야의 업적은 학교 교육 덕분이 아니었다. 그런 교육을 받았음에도 불구하고 학생들이 그런 성취를 거둘 수 있었다는 점에 주목해야 한다."

훗날 그는 주입식 교육을 시킨 학교를 비판합니다. 물론 고전에 대한 그의 소양은 김나지움에서 익힌 것이라 일방적으로 부정적인 평가만 내리는 게 옳은 건 아닐 겁니다.

아들러는 대학에 진학했지만 의학부에서 이뤄지는 실험과 진단만 중시하는 강의가 지루했습니다. 그럼에도 인류 구제를 위한 최선의 수단으로 의사가 되겠다고 생각한 터라 목적 달성을 위해 의욕을 다졌습니다. 카페에서 친구들과 끝없이 토론을 펼쳤고 그 경험을 통해 사람은 누구나 대등하다는 생각을 하게 되었지요.

빈의 교육방식과 달리, 미국 아이들은 교사를 교사라는 이유만으로 존경하지는 않았습니다. 교사의 권위가 실추되고 교육이 추락했기 때문일까요? 그렇지 않습니다. 이미 1920년대에 아들러는 이렇게 말합니다.

"함께 사이좋게 살아가고 싶다면 서로를 대등한 인격으로 다루지 않으면 안 된다."

아들러는 미국으로 건너가기 전부터 사람과 사람의 관계는 대등해야 한다고 생각했습니다. 아이들을 대등한 존재로 존중하고 전폭적인 신뢰로 대하다 보면 힘으로 억누를 필요가 없다고 봤지요. 그래선지 아들러의 자녀인 알렉산드라와 쿠르트는 자라면서 벌을 받지 않았다고 회고했습니다.

교육을 통해 세상을 바꾸고 싶었던 그는, 인간은 대등하다는 생각을 널리 확산시키려고 했습니다. 오늘날에도 이런 관점은 교육·육아·치료 현장에서 아들러 심리학의 기본적인 토대가 되었지요.

🌱 문제는 누가 풀어야 하는가

아이들은 인생의 다양한 과제와 불가피하게 직면할 수밖에 없습니다. 따라서 용기 부여를 통해 아이 스스로 인생의 과제를 해결할 수 있다는 자신감을 심어줘야 합니다. 인생의 과제 대부분은 대인관계에 관한 것이라서 타자를 적으로 생각하는 한 그 관계가 좋아질 리 없습니다. 타자는 적이 아니라 친구라는 생각을 해야 인생의 과제를 해결할 수 있다는 자신감을 갖게 됩니다.

먼저 분명히 해둘 게 있습니다. 아이가 과제를 풀기 위해 어떻게 해야 하는가는 아이의 과제이지 부모의 과제가 아니라는 사실입니다. 공부를 하지 않은 결과는 아이 자신이 받아들여야만 하지요. 그 책임 역시 아이가 짊어질 수밖에 없다는 것입니다. 공부는 아이의 과제이지 부모의 과제가 아니니까요.

대인관계의 문제는 대개 다른 사람의 과제에 개입함으로써 혹은 다른 사람에 의해 나의 과제가 침범당함으로써 발생합니다. 친자 관계뿐 아니라 모든 대인관계에 해당되는 이야기이지요. 공부를 해야 하는데 못했을 때, 부모에게서 "공부하라"는 잔소리를 듣게 되면 오히려 더 반발하고 싶어집니다. 이럴 때 가장 간단한 방법은 아이의 과제에 부모가 개입하지 않는 것입니다. 하지만 아이가 곤경에 처하거나 수수방관 하고 있으면 부모로서 무슨 일이든 도우려 할 것입니다. 물론 부모의 도움이 필요한 경우도 있겠지요. 특히 아이가 어리다면 말입니다.

부모의 도움이 적절하면 성공 여부와 상관없이 아이는 자신의 과제에 힘쓸 마음을 갖게 됩니다. 하지만 부모가 아이의 과제를 대신할 수는 없다는 것을 알아야 하지요. 아이 대신 시험을 치를 수 없고, 아이 대신 인생을 살아줄 수는 없으니까요.

아이가 자신의 과제를 스스로 해결할 수 있다는 자신감을 가질 수 있도록 돕는 것을 아들러는 '용기 부여'라고 합니다. 필요할 때 아이를 도와주는 것도 중요하지만, 기본적으로는 아이가 자신의 힘으로 자신의 과제에 매진하도록 도와야지 그 이상을 할 수는 없습니다. 아이에게 용기를 준다는 명분 아래 아이를 조정하려 하고 지배하려고 해서는 안 됩니다. 이 점을 기억하면서 부모로서 무엇을 할 수 있는지, 어떤 도움을 줄 수 있는지, 어떻게 해야 용기를 부여할 수 있는지, 아이가 어떤 목표로 성장해야 하는지 구체적으로 생각해봅시다.

문제를 회피하는 이유

아들러는 말합니다.

"나는 내 자신에게 가치가 있다고 생각할 때만 용기를 가질 수 있다."

아이들이 인생의 과제를 회피하려고 한다면 과제 그 자체가 어려워서라기보다는 자신에게 가치가 있다고 생각하지 않기 때문일 때가 많습니다. 아이가 직면하는 과제 중에는 어려운 것도 있고 때로는 해결할 수 없는 것도 있을 겁니다. 누구에게나 직면하기 어려운 과제는 있는 법이니까요. 하지만 대개는 자신에게 가치가 없기 때문에 과제와 직면할 용기를 갖지 못하는 겁니다. 아이가 이렇게 자신에게 가치가 없다고 생각하는 데는 그럴 만한 이유가 있다는 것을 기억해야 합니다.

제7장 인생의 과제와 용기 부여

실현 불가능한 일이 아니라면 당연히 과제를 달성하기 위해 노력할 필요가 있고 달성하지 못할 이유도 없습니다. 그럼에도 주어진 과제에 애쓰지 않는 것은, 자신이 바라는 바대로 과제를 달성할 수 없다고 생각하기 때문이기도 합니다.

'자신이 바라는 바대로'라는 것은, 예컨대 시험에서 좋은 성적을 얻고 싶다는 바람 같은 것이지요. 물론 좋은 성적을 바라는 것자체에 문제가 있는 것은 아닙니다. 다만 타자와의 경쟁에서 이기려고 할 때, 공부 외에는 이길 방법이 없다는 생각 때문에 열등감을 숨기기 위해 좋은 성적을 얻으려 할 때, 바라는 결과를 얻을수 없을 것 같으면 아예 처음부터 시험을 치르지 않겠다고 결정하지요. 아이는 '나도 하면 할 수 있다'는 가능성을 남겨두면서 그가능성이 현실이 되지 않도록 하려고 합니다. 과제에 힘쓰지 않아 비난받는 것보다는 그게 훨씬 낫다고 생각하는 것이지요.

이럴 때 "의욕이 생기지 않는다"는 핑계는 과제에 힘쓰지 않는 것에 대한 면죄부가 됩니다. 어떤 과제를 그저 '하지 않는' 것은 용납되지 않으므로 이런 이유가 필요한 것이죠. "의욕이 생기지 않는다"는 말은 다른 사람은 인정하지 않지만 적어도 자신은 납득시킬 수 있습니다.

문제는 과제를 달성하지 않는 것을 정당화하기 위해 자기 자신을 속인다는 사실을 본인은 모른다는 것입니다. 아니, 알고 싶어하지도 않죠. 단 한 번도 좋은 성적을 받아본 적이 없는 아이는 이렇게 과제에서 도망치려고 합니다. 어쩌다 생각지도 못한 좋은 성적을 받은 아이도 다음 번 시험에서 똑같은 성적을 받을 자신이 없으면 과제에 힘쓰려 하지 않습니다.

스스로 가치 있다고 생각하기

어떻게 하면 아이가 스스로 가치 있다고 생각하게 될지 고민해야 합니다. 아이가 스스로 가치 있다고 생각하지 않으면 과제에 힘쓰려고 하지 않으니까요. 그런 점에서 용기 부여는 과제 해결 능력을 심어 준다기보다 아이가 스스로 가치 있다고 생각하게 돕는 것입니다.

의욕을 내지 않겠다고 결심한 아이를 움직이게 할 때 지나치게 신중할 필요는 없습니다. 부모나 교사는 아이가 공부하지 않으면 어떻게든 공부를 시키려고 하는데 자칫 잘못하면 아무것도 하지 않을 때보다 사태가 더 악화됩니다. 어떤 아이든 과제를 달성할 수 없다고 생각하는 것은 용기가 부족하기 때문입니다. 그런 아이가 과제에 힘을 쏟을 수 있도록 도와야 하는데, 이때 아이가 스스로 자신의 과제에 힘쓰도록 해야지 부모가 아이로 하여금 과제에 힘쓰게 만드는 것은 좋지 않다는 걸 명심해야 합니다.

어떻게 꾸짖을 것인가

꾸중이 아이 교육에 유용하다고 하는 사람은 많지 않지만 꾸중이 필요한 경우도 있다고 생각하는 사람도 많지요. 일상생활 속에서 아이를 꾸짖을 수밖에 없다고 생각하는 사람은 훨씬 더 많을 겁니다. 그러나 꾸짖는 것으로는 아이 스스로 자신에게 가치가 있다고 생각하게 만들 수 없습니다. 결국 아이가 자신의 과제에 힘쓰도록 도울 수 없다는 말이지요.

과제 달성 그 자체는 중요하지 않다고 말하는 아이가 있습니다. 그런 아이는 부모로부터 과제를 지시받는 것 자체를 거부합니다. 부모가 아이를 꾸짖을 때 일어나는 일이지요. 꾸지람을 받고 두려움 없이 과제에 매진하는 아이도 있지만, 꾸짖으면 반발하는 아이도 있습니다. 아이는 부모의 말이 맞다는 것을 잘 알고 있지요. 가령 부모가 아이에게 잠자리에 들기 전에 미리 숙제를 해두라고 말했다고 합시다. 아이 입장에서 보면, 굳이 말하지 않아도 알고 있는 것을 다시 듣게 되니 화가 납니다. 그래서 과제에 힘쓰지 않겠다고 생각합니다. 문제는 과제에 힘쓰지 않겠다는 결심을 꾸중으로 뒤집을 수는 없다는 겁니다. 아이가 어른의 질책을 받아 과제에 힘 쏟는 것처럼 보였다고 해도 자발적으로 결심한 게 아니면 언제든 원래 상태로 되돌아갑니다.

꾸중을 듣고 분노의 감정을 느끼지 않는 사람은 없습니다. 분노라는 감정은 사람과 사람을 멀어지게 만듭니다. 그런데도 우리는 꾸짖는 것으로 처음부터 아이와의 관계를 악화시킵니다. 그래 놓고는 아이를 도우려고 하지요. 하지만 감정이 벌어진 이상 그것은 불가능합니다. 아이는 꾸짖는 사람을 친구로 여기지 못합니다.

꾸중으로는 왜 아이를 도울 수 없을까요? 아이는 꾸중으로 아무 것도 배우지 못하기 때문입니다. 부모는 아이의 잘못된 행동을 개선하려고 하겠지만, 안타깝게도 그 목적을 달성할 수 없습니다.

제 둘째 아들이 걸어가며 우유를 마시다 엎은 적이 있습니다. 이럴 때 대다수 부모는 꾸짖지요. 아이가 우유를 엎지르기도 전에 말입니다. 아이에게 가르치려는 것은, '잘못하여 우유를 엎질렀을 때 어떤 책임을 져야 하는가' '다음에 똑같은 잘못을 저지르지 않기 위해서는 어떻게 하면 좋은가'일 것입니다. 이런 걸 가르칠 때 아이가 잘못했다고 말할 필요는 없는 겁니다.

실수를 했을 때 부모가 무섭게 느껴진다면 아이는 실패하는 것을 두려워하게 될지 모릅니다. 실수를 두려워하는 아이는 과제에 힘을 쏟을 수 없고 자신에게 능력이 있다고 생각할 수도 없지요. 그것이 고정관념이 되어 아이는 '난 아무것도 할 수 없다'고 믿게 됩니다.

일단 움츠러든 아이는 뭔가를 나서서 적극적으로 하려고 하지 않지요. 타자에게 공헌하려는 생각을 하기는커녕 자기 자신만 생각하게 됩니다. 타자에게 어떻게 보이는지를 신경 쓰게 되지요. 이를 테면 지하철에서 고령자에게 자리를 양보하려고 할 때도 망설입니다. 상대방이 아직 양보를 받을 나이가 아니라고 말할지도 모르니까요. 그런 말을 듣는 게 싫어 마냥 망설이다가 양보할 기회를 놓치고 마는 겁니다.

꾸짖는 것의 폐해가 꾸중 듣는 아이에게만 나타나는 건 아닙니다. 사회문제가 되기도 합니다. 앞에서 아들러가 다섯 살 때 스케이트장에 남겨졌다가 폐렴에 걸렸던 에피소드를 소개했습니다.

일본에서도 그와 비슷한 사건이 있었지요. 함께 놀던 친구가 강물에 빠졌는지도 모르고 그대로 돌아가는 바람에 결국 숨진 채 발견되는 사건이 있었습니다.

"왜 곧 알리지 않았니?"

아이에게 이렇게 묻자 강에서 놀았던 것을 부모가 알고 혼낼까봐 무서웠다고 말했지요. 이런 경우에는 부모에게 혼나게 되더라도 먼저 알리는 게 당연하지요. 그럼에도 불구하고, 혼나는 게 두려웠던 아이는 자신만을 생각하게 되는 겁니다.

언젠가는 발각될 것을 알면서도, 할 수만 있다면 숨기자며 부정을 감추는 관청과 기업도 마찬가지 아닐까요? 이것 역시 꾸짖는 교육에 영향을 받은 결과입니다. 부모의 질책이 두려워, 책임지기 싫어서 잘못을 숨기려는 아이처럼 어른도 자기 자신은 물론 소속단체가 불리해지는 것을 두려워한 나머지 실수나 부정을 은폐하려고 합니다. 들키지 않으면 된다는 의식은 꾸짖는 교육이 키워온 부작용 아닐까요?

부모의 꾸중은 주목받고 싶어 하는 아이가 유발하기도 합니다. 아주 어린애가 아니라면 어떤 행동이 부모를 화나게 하는지 잘 압니다. 그럼에도 그런 행동을 하는 것은 꾸중을 듣는 방식으로라도 부모의 주목을 받고 싶은 것이죠. 꾸짖었는데도 아이가 문제행동을 멈추지 않는 건 그 때문입니다. 역설적으로 꾸중을 들을 수 있기 때문에 문제행동을 더욱더 그만두지 않는 것입니다.

꾸짖는 사람은 상대를 대등한 관계로 보지 않습니다. 대등하게 본다면 애초부터 꾸짖지 못하지요. 어떤 행동을 고치길 바란다고 해도 상대가 나와 대등하다고 생각한다면 꾸짖을 필요를 느끼지 못했을 것이고, 그럴 수도 없습니다. 꾸짖는 것은 상대를 나보다 낮춰 보기 때문인데, 대인관계에서 아래에 있는 사람은 그걸 달가워하지 않습니다.

칭찬의 독

그렇다면 꾸짖지 않고 칭찬만 하면 좋을까요? 그렇지도 않습니다. 혼나는 아이와 마찬가지로, 칭찬받는 아이 역시 자발적으로 행동하지 않기 때문입니다. 칭찬받기 위해 행동하는 아이는 칭찬해주는 사람이 없을 때는 아무것도 하지 않습니다. 보는 사람이 없어도 자신의 판단에 따라 행동하는 사람이 되어야 하는데 그렇지 않은 것이지요.

칭찬하는 것과 용기 부여는 어떤 점에서 다를까요? 칭찬은 상하관계가 전제돼 있을 때 이뤄집니다. 남편 상담에 따라온 아내가 상담이 끝난 뒤에 남편한테 착하다는 말을 듣는다고 기쁠까요. 아이도 마찬가지입니다.

아이가 칭찬을 듣고 기뻐할 거라고 생각하는 사람은 아이를 대등하게 보고 있지 않은 겁니다. 그들은 거리낌 없이 아이는 얼러야 한다고 말하지요. 그러나 얼러서 움직인 아이는 자발적으로 행동한 게 아닙니다.

자신을 칭찬하는 부모를 아이는 친구라고 생각할지 모릅니다. 하지만 늘 칭찬받기만 하면 자신에게 과제를 해결할 능력이 없다

고 생각하게 되지요. 칭찬은 어떤 일을 못한다는 것을 전제로 합니다. 못할 것이라고 생각한 일을 뜻밖에 해내면 훌륭하다고 칭찬하지요. 그럴 경우 아이는 칭찬을 받아도 전혀 기쁘지 않습니다.

용기 부여와 나의 가치

그럼 어떻게 하면 좋을까요? 꾸짖지도 칭찬하지도 않고 어떻게 아이를 대하면 좋을까요? 용기를 줘야 합니다. 아이들이 자신의 과제에 힘을 쏟지 않으려는 것은 과제 그 자체가 어려워서가 아니라고 앞에서 말했을 겁니다. 아이가 자신을 평가하는 데 있어서 문제가 있기 때문입니다. 그 평가가 적절하다면 비록 과제가 최종적으로 달성되지 못하더라도 단념하는 일은 없지요. 다시 강조하겠습니다. 아이가 과제에 맞서지 않는 것은 자신에게 가치가 없다고 생각하기 때문입니다.

　아이의 과제를 어른이 대신 해결할 수는 없지만, 곁에서 도움을 줄 수는 있습니다. 바로 아이 자신이 가치가 있다고 생각하게끔 돕는 것입니다. 아이는 그럼 어떨 때 자신에게 가치가 있다고 생각할까요? 아이가 그렇게 생각하도록 어른은 어떤 말을 해줘야 할까 고민해야 합니다. 그 말의 내용은 상황에 따라 다르겠지요.

　나에게 가치가 있다고 생각해야 하는 이유는 명확합니다. 나라는 존재는 과거에도 미래에도 지금도 나 자신이기 때문입니다. 물건은 마음에 들지 않으면 다른 것으로 바꾸면 되지만, 나는 다른 어떤 누구로도 대체할 수 없습니다. 비록 어떤 버릇이 있더라도 지금까지 그리고 앞으로 죽을 때까지 나와 관계하지 않으면 안 됩니다.

남의 평가에 흔들리지 않기

다른 사람의 평가에 유독 신경 쓰는 아이가 있습니다. 남이 좋다고 말하면 기뻐하고, 나쁘다고 말하면 슬퍼하거나 화를 내지요. 그런데 좀 이상하지 않나요? 사람의 가치는 남의 평가에 좌우되지 않는데 말입니다. 나쁜 사람이라는 말을 듣는다고 해서 나쁜 사람이 되는 것도, 좋은 사람이라는 말을 듣는다고 해서 좋은 사람이 되는 것도 아니니까요. 다른 사람의 평가에 신경을 쓴다는 것은 남이 나에 대해 갖는 이미지, 나에 대해 갖는 기대에 맞추려는 것입니다.

따라서 용기 부여의 목표는 아이가 남의 평가에 좌우되지 않도록 돕는 것이지요. 용기를 얻은 아이는 다른 사람들의 평가에 휘둘리지 않고 자신을 실제보다 좋게 보이려고도 하지 않습니다. 이럴 수만 있다면 아이는 바람직하게 달라질 수 있습니다.

단점을 장점으로 본다

용기를 얻은 아이는 지금까지와는 다른 시점으로 자신을 보게 됩니다. 자신의 성격이 어둡다고 생각하는 게 아니라 배려심 있고 친절하다고 받아들이지요. 아이 스스로 이런 관점을 가질 수는 없지만 아이가 자신을 달리 볼 수 있도록 가르칠 수는 있습니다. 즉, 아이가 자신에게 부여하는 의미를 바꾸게 하는 것입니다.

의미를 바꿔 부여할 수도 있지만, 반대의 경우도 있다는 걸 간과해서는 안 됩니다. 어떤 사람의 장점이라고 여겨지던 것이 단점으로 보일 수 있기 때문이지요. 호의적으로 보면 무엇이든 좋게 보이지만, 그 마음이 사라지면 성실하고 분명한 사람의 인상도 자잘한 것에 집착하는 말 많은 사람으로 보이기도 하지요.

타인이 아니라 나 자신에 대해서도 마찬가지입니다. 자신을 호의적으로 보지 않겠다는 결심을 하기도 합니다. 그렇게 결심하는 데도 목적이 있습니다. 적극적으로 다른 사람과 관계를 맺지 않으려는 것이죠. 이런저런 이유가 있어서 그 사람이 싫은 게 아니라, 더 이상 좋아하지 않기로 결심했기 때문에 상대에게서 멀어지기 위해 그의 단점을 찾아내는 것이지요.

따라서 나 자신의 가치를 인정하고, 단점을 장점으로 보기 위해서는 타자와의 대인관계를 적극적으로 쌓아가겠다는 결심이 필요합니다. 사람은 어느 날 돌변하는 게 아닙니다. 나의 가치를 인정하기 위해 단점을 장점으로 인정하려는 노력을 계속해야 합니다.

나의 가치는 어떻게 얻을까

거듭 강조하는 말이지만, 나 자신을 좋아하겠다고 결심하기 위해서는 타자와의 관계를 쌓아가야 합니다. 이걸 분명히 알고 있어야합니다. 사람은 고립되어 살아가는 게 아니라 타자와의 관계 속에서 존재하지요. 공동체감각이란 말이 뜻하는 것처럼 사람과 사람은 맺어져 있어야 하지요.

아들러는 이렇게 말했습니다.

"내게 가치가 있다고 생각한 때는 내 행동이 공동체에 유익할 때이다."

타자가 나를 어떻게 평가하는가에 괘념치 않는 것도, 단점을 장점으로 보는 것도, 나를 좋아하기 위해서는 필요한 일이지만 그보다 더 적극적인 방법이 있습니다. 내가 남에게 전혀 도움되지 않는 사람이 아니라 누군가에게 도움이 된다는 공헌감을 갖는 것입니다. 공동체에 유익한 일을 할 때 내가 다른 사람에게 도움이 된다고 생각하고, 그런 나에게는 가치가 있다고 믿게 되는 것이지요. 아들러 심리학이 칭찬 대신 용기를 주라고 권하고, "고맙다"는 말을 하자고 제안하는 것은 그렇게 함으로써 나 자신이 가치 있는 사람이라는 생각을 하게 되기 때문입니다.

칭찬을 받고 자란 아이는 사람들이 자신의 행동에 주목해주지 않으면 곧 그 행동을 그만두고 그들을 적으로 생각합니다. 그러나 공헌감이 있다면 타자에게 인정받지 못해도 스스로 만족하지요. 다시 말하지만 내가 타자에게 공헌할 수 있다고 느끼기 위해서는 '나에게 가치가 있다'고 생각할 필요가 있습니다. 그래야 주고 싶고 공헌하고 싶지요. 타자가 언제든 나를 도와줄 거라고 생각하는 태도를 버릴 수 있지요.

물론 타자의 칭찬을 받고 기뻐하는 사람은 많습니다. 아이는 더 그렇겠죠. 아이는 자신이 얼마든지 해낼 수 있는 일까지 일일이 칭찬하는 사람을 친구로 생각할지 모릅니다. 하지만 칭찬만 하면 아이는 자신에게 가치가 있다는 걸 모릅니다. 그래서 상담 시간 동안 얌전히 기다린 아이에게 "착하다"고 칭찬할 게 아니라 "고맙다"고 말하라는 겁니다. 얌전히 기다리는 것만으로도 뭔가에 공헌했다는 생각을 갖게 되기 때문이지요. 다음번에도 적절한 행동을 하도록 유도하기 위해서 그러라는 게 아닙니다. 공헌감을 갖도록 도움으로써 아이는 자신이 가치 있다고 믿게 되는 것입니다. 자신이 타자에게 어떤 형태로든 공헌할 수 있다는 것을 알게 된 아이는 '나는 가치 있다'고 생각해 자신까지도 좋아하게 됩니다. 인생의 과제에 맞서는 아이는 바로 이런 아이들이지요.

이런 아이는 자신이 우수하다는 것을 타자에게 보여주기 위해서 행동하지 않습니다. 타자에게 어떤 평가를 받든 그다지 신경쓰지 않을 뿐더러 타자의 인정도 갈구하지 않지요. 물론 타자에게 인정받는다는 것은 기쁜 일입니다. 하지만 아이가 그것을 기대하게 되면, 남을 도와주는 행동에 관심이 있음에도 칭찬을 받으려는 아이와 똑같이 행동합니다. 만약 우수하다는 걸 보이기 위해 혹은 평가받고 인정받기 위해 행동하는 아이라면 달성 가능성이 없다고 여겨지는 과제에는 힘쓰려 하지 않지요.

타자에게 공헌하겠다고 결심했다면, 타자에게 어떤 평가를 받는가는 전혀 문제가 되지 않습니다. 과제 자체를 비록 완전히 해내지 못한다 하더라도 처음부터 과제에 맞서지 않는 것보다는 훨씬 낫지요. 이렇게 생각할 수 있는 사람은 내가 아닌 타자에게 관심을 기울입니다. 타자에게 공헌하고자 하는 행동 목적을 갖는다면 애당초 행동하지 않겠다는 선택은 하지 않지요. 의욕이 있고 없고의 문제가 아닙니다. 의욕이 안 생긴다고 말하는 사람은 나밖에 생각하지 않는 것입니다.

용기 부여라는 것은 나의 관심을 자신이 아닌 타인에게 돌릴 수 있을 때 비로소 시작됩니다. 꾸중이나 칭찬이 즉각적으로 아이를 움직이기는 하지만 결과적으로는 먼 길로 돌아가는 방법이라는 것을 알아야 합니다.

🌿 타자에게 바라지 않기

타자에게 받는 것을 당연하다고 여기고, 타자가 나에게 무엇을 해주었는지(평가를 요구하는 것도 그중 하나)에만 관심을 갖는 사람이 있습니다. 이런 사람은 세상이 나를 중심으로 돌아가고 있다고 생각하지요. 물론 인간은 타자와 떨어져 살아갈 수 없고, 이 세계에 소속되고자 하는 기본적인 욕구를 추구합니다. 하지만 내가 세계의 중심이라고 생각하는 것과는 전혀 다른 문제지요.

내가 세계의 중심이라고 생각하는 사람은, 자신이 타자의 기대를 채우기 위해 사는 게 아니라고 말합니다. 물론 맞는 주장이지요. 다만 그렇게 주장하고 싶으면 타자에게도 그런 요구를 해서는 안 되지요. 내가 타자의 기대를 충족시키기 위해 사는 게 아니라면, 타자도 남의 기대를 충족시키기 위해서 사는 게 아니라는 겁니다.

저는 과거에 심근경색으로 쓰러져 관동맥 바이패스 수술을 받은 적이 있습니다. 수술 후 완치되지 않은 상태에서 전철을 탈 일이 있었지요. 겉모습은 수술을 받고 퇴원하는 사람처럼 보이지 않았기 때문에 아무도 제게 자리를 양보해주지 않았습니다. 핏기 없는 창백한 얼굴로 정신을 잃고 쓰러질 것 같았지만 자리 양보를 해주지 않는다고 남을 탓할 수는 없는 일이지요. 그럴 때는 타자에게 도움을 청하면 됩니다. 타자가 도움을 주고 말고는 호의의 문제이지 결코 의무는 아닙니다. 아무 말도 하지 않는다면 무엇을 원하는지 타자가 알 수 없지 않겠습니까?

타자를 도와주고 고맙다는 말을 들으면 분명 기쁠 겁니다. 하지만 언제나 타자가 고맙다고 말해주는 것은 아닙니다. 이때 타자가 주목하지 않았다고 해서 불만을 가지면 안 됩니다. 칭찬받으며 성장한 사람은 어떤 방식으로든 대가를 요구합니다. 그게 문제입니다. 타자를 도울 때 굳이 타자의 인정을 받을 필요는 없습니다. 이렇게 생각하기 위해서는, 타자를 적이 아니라 친구로 볼 필요가 있습니다.

타자가 나를 좋아할 수는 있지만 내가 타자를 친구로 생각할 수는 없다고 말하는 사람이 있습니다. 꾸중 들으며 자란 아이는 타자를 좀처럼 친구로 볼 수 없습니다. 꾸중을 듣고 실패를 두려워하게 된 아이는 뭔가를 적극적으로 하려고도 하지 않지요. 당연히 타자에게 공헌하겠다는 생각도 못하지요.

그러나 "나는 당신의 친구다"라고 말하는 사람과 만날 수 있다면, 비록 그렇게 말하는 사람이 단 한 사람에 그칠지라도, 이 세상에 자신의 친구가 있다는 생각에 변할 수 있습니다. 나뿐 아니라 타자에게 관심을 갖고 협력할 수 있게 됩니다. 혼자만으로는 완전할 수 없기 때문에 언젠가 타자에게 나의 존재를 의탁해야 한다는 것을 알기 때문이죠.

이런 생각으로 용기를 얻은 사람은 타자를 돕습니다. 혼자 힘으로 해결할 수 없을 때는 언제든 부끄러워하지 않고 타자의 도움을 받습니다. 응석받이 아이나 어른에게서 이런 모습은 찾아볼 수 없습니다. 타자를 믿지 않기 때문에 무엇이든 혼자 짊어지며 살아가려고 하지요.

친구로 받아들여진다는 것

아들러의 흥미로운 상담 사례를 통해 친구로 받아들여진다는 것이 어떤 의미인지 들여다 보겠습니다.

다른 의사로부터 치료가 불가능하다는 말을 들은 어느 통합실조증 환자가 있었습니다. 통합실조증은 환각이나 망상이 생겨 사고가 혼란스러워지거나 감정이 불안정해지는 병이지요. 이 환자는 살아갈 용기를 완전히 잃었습니다. 그런데 아들러와 이야기를 나누는 동안 다시 살아갈 용기를 되찾았습니다. 무슨 일이 있었던 것일까요?

이 환자는 이전에 자신을 치료하던 의사처럼 아들러도 자신을 포기할 거라고 생각했습니다. 어릴 때부터 타인에게 받아들여지지 않는 경험을 해오면서 인생에서 나를 받아줄 사람은 없다고 생각했지요. 몇 번의 경험이 그런 생각을 심어준 겁니다.

그는 아들러에게 자신을 받아줄 사람이 없는 게 바로 자신의 운명이라고 했지요. 그러면서 아들러 앞에서 3개월간 침묵을 지켰습니다. 그 동안 아들러는 어떤 태도로 그를 대했을까요? 아들러는 그 환자의 침묵이 무엇을 표현하는지 알았습니다. 다름 아닌 반항이었지요.

어느 날 그는 아들러를 향해 주먹을 날렸습니다. 그러나 아들러는 저항하지 않았습니다. 그 환자는 유리창에 부딪혀 손에 상처를 입었고, 아들러는 피나는 손을 붕대로 감아주었습니다. 응급처치를 받으면서 과연 그는 무슨 생각을 했을까요? 여전히 흥분해 있었을지도 모르고, 피가 나는 손을 내려다보면서 차츰 냉정을 되찾았을지도 모르지요. 하지만 폭력을 휘둘렀음에도 불구하고 아들러가 전혀 저항하지 않은 데 놀라지 않았을까요? 아들러는 그에게 묻습니다.

"어떠세요? 당신을 치료하기 위해 우리 둘이 노력해보는 거 말입니다."

그가 이렇게 대답합니다.

"저는 살아갈 용기를 완전히 잃었는데, 이렇게 얘기하는 동안 다시 용기를 찾게 되었어요."

3개월간의 침묵 뒤에 나온 말입니다. 그 동안 그는 입을 꾹 다물고 있었지만 '무엇을 하면 좋은가?'라는 물음에 대한 답을 스스로 찾았던 것입니다. 그러다 살아갈 용기를 가지면 된다는 답을 찾아낸 것이죠. 용기를 공동체감각의 일부로 보는 게 개인심리학이라는 걸 아는 사람이면 이 남자의 변화를 충분히 이해할 수 있을 겁니다. 아들러는 그가 만나온 사람들과 전혀 달랐습니다. 그때까지의 사람들은 자신을 거절했는데, 아들러는 그러지 않았지요. 그는 거부당하지 않고 받아들여지는 경험을 하고서 큰 영향을 받은 겁니다.

물론 그런 경험을 우연히 일어난 일이라면서 예외라고 생각하는 사람도 있지요. 맨날 꾸중을 듣던 아이가 어느 날 부모의 꾸중을 듣지 않으면 이상하게 생각하는 것처럼 말입니다. 그러면 분명 무슨 까닭이 있을 거라고 의심할 겁니다. 그러고는 부모가 화를 낼만한 일을 저지릅니다. 부모가 감정적으로 격앙되어 꾸짖으면 그때서야 역시 우리 부모는 변하지 않았어라고 생각합니다. 그러나 아들러가 치료한 이 환자가 그랬던 것처럼 '이 사람은 나의 진짜 친구'라는 확신을 가질 때 사람은 확연하게 변할 수 있습니다.

다른 통합실조증 환자의 예를 들어보지요. 그녀도 한 달 동안 한 마디도 하지 않았지만, 아들러는 계속 말했습니다. 한 달 뒤 그녀는 혼란스러운 상태에서 이야기를 시작했습니다. 그러나 일이 순조롭게 진행되지 않았고 결국 아들러는 이 환자에게도 얻어맞았습니다. 자신이 되찾은 용기를 어떻게 해야 할지 몰랐던 것이죠. 그녀의 주먹은 너무도 약했지요. 아들러는 그녀가 하는 대로 내버려두었습니다. 그녀는 예상하지 못한 아들러의 반응에 놀라 깨진 유리에 손이 찢어지고 말았습니다. 아들러는 폭력적으로 돌변한 그녀를 책망하지 않았고 잠자코 손에 붕대를 감아주었습니다.

어느 날 아들러는 우연히 거리에서 그녀를 만났습니다.

"여기서 뭘 하고 계세요?"

그렇게 묻는 그녀에게 아들러는 2년간 그녀가 입원해 있던 병원의 주치의와 함께 와달라고 부탁합니다. 아들러를 찾아온 그녀의 주치의는 이렇게 말합니다.

"그녀는 완전히 건강을 되찾았습니다. 그런데 한 가지 마음에 걸리는 것이 있습니다. 그녀는 저를 좋아하지 않아요."

교육·육아·치료에서 가장 필요한 것은 신뢰를 얻는 것, 한 사람의 인간·친구로 마주하는 것입니다. 응석을 부리는 데 익숙한 환자의 응석을 받아주면 간단히 환자의 호감을 얻을 수 있지만, 그러한 관계는 바람직하지 않습니다. 그렇다고 환자를 무시하면 적의를 사게 되지요. 응석을 부리게 하는 것도, 무시하는 것도 환자를 돕는 방법은 아닙니다. 권위적으로 환자를 대하거나, 환자가 의존하도록 하거나, 무책임하게 방치하는 게 아니라 한 사람으로서 관심을 보여주는 것이 중요합니다. 그게 어디 환자에게만 적용되겠습니까?

공헌감은 왜 중요한가

사람의 가치는 공헌 자체가 아니라 공헌감을 통해 얻게 됩니다. 실질적으로 누군가를 위해 공헌하지 않아도 자신의 존재가 타인에게 도움이 된다는 느낌이 중요합니다.

평소 힘들게 하는 아이일지라도 그 아이의 존재 자체는 부모에게 공헌하는 것입니다. 만약 그 아이가 아파서 축 늘어져 있다고 생각해 봅시다. 말썽을 부리는 한이 있더라도 아이가 곧 건강해지기를 바라지 않을까요? 부모 입장에서는 아이가 그저 살아 있어 주는 것만으로도 고마워할 겁니다. 아이가 그런 걸 알게 하면 스스로 공헌감을 갖게 되겠지요.

비록 누군가가 실질적인 공헌을 하지 않더라도 그의 말과 행동의 좋은 의도를 보려고 노력해야 합니다. 좋은 의도가 있어도 그것을 표현하는 방법이 적절치 못할 때가 있으니까요. 다만 아들러는 좋은 의도가 있는 것만으로는 충분하지 않다고 말합니다.

지금까지는 용기를 주려는 사람의 입장에서 보았는데, 용기를 받는 사람의 시점에서 보면 이야기는 조금 달라집니다. 예컨대 "고맙다"는 말은 공헌감을 갖게 하는 말이지만, 타자가 비록 이 말을 해주지 않는다고 불평할 수는 없습니다.

실패를 잊지 마라

용기를 얻은 아이는 실패를 하게 되더라도 그것을 잊지 않고 자신의 판단으로 움직이게 될 것입니다. 자기 자신만 생각하다가 실패한 뒤의 평가만 신경 쓰는 아이와는 다릅니다.

용기를 얻은 아이는 오로지 과제를 해결하는 데 관심을 기울입니다. 그러나 실패를 두려워하는 아이는 과제를 해결하는 게 아니라 결과에만 집착하지요. 타자의 평가에 신경을 쓴 나머지 좋게 보이려고 과제에 힘을 쏟기도 합니다. 하지만 용기를 얻은 아이는 이런 식으로 생각하지 않지요. 남이 어떻게 생각하든 신경 쓰지 않으며, 자신의 과제를 해결하고도 남에게 좋게 보이려고 애쓰지 않습니다. '나도 하기만 하면 얼마든지 할 수 있다'는 가능성 속에서 살려고 하지도 않지요.

일단 과제가 주어지면 가능한 한 조금씩이라도 시작하려고 들지요. 이것이 바로 용기입니다. 아들러는 이것을 '불완전한 용기' '실패할 용기'라 불렀습니다. 실패가 두려워 처음부터 과제를 해결하려고 하지 않는 것보다 훨씬 바람직한 태도이지요. 똑같은 실수를 여러 번 반복하는 건 문제지만, 실패하지 않고는 아무것도 배울 수 없지요. 시험을 치른 다음 오답을 확인하는 사람은 다음번에 똑같은 실수를 하지 않지만, 나쁜 점수를 받았다는 사실과 직면하는 게 두려워 회피한다면 다음번에도 똑같은 실수를 반복하게 되는 것과 다를 게 없습니다.

🌿 상대를 동등하게 보기

아들러가 자신에게 주먹을 날린 환자에게 제안한 것을 다시 한 번 생각해봅시다.

"어떠세요. 당신을 치료하기 위해서 우리 둘이 노력해보는 것은요?"

'내가' 하면 잘 될 것 같다고 말하지도, 무엇을 하라고 명령하지도 않습니다. '우리 둘이' 뭔가를 하면 잘 될 것 같지 않겠냐고 묻고 있다는 점에 주목해야 합니다. 의사와 환자의 관계는 환자 입장에서 보면 대인관계에서의 롤모델에 해당합니다. 친자관계와 사제관계도 마찬가지입니다.

저널리스트 무노 다케지와 대화를 나눈 중학생이 이런 말을 했습니다.

"그와 대화를 나누면서 처음으로 좋은 걸 경험했다. 지금껏 만난 어른은 늘 위에서 나를 내려다보았다. 집에서는 부모가 어린애로 보았고, 학교에서는 선생님이 학생으로 보았고, 주변 사람들도 나를 어린애로 보았다. 그런데 그는 나를 한 인간으로 대등하게 대해 주었다. 그 때문에 대화에 흠뻑 빠질 수 있었다. 태어나서 처음으로 어린애 취급을 받지 않아 인간이 된 느낌이다."

이런 아이들에게는 꾸짖거나 칭찬하는 종전의 교육 방식은 필요치 않습니다. 뭔가 이상하다는 생각이 들었을 때 솔직히 의문을 제기할 수 있는 사람, 어른들이 '분위기 파악을 하라'면서 다른 의

견을 내지 못하도록 압력을 가해도 거들떠보지 않는 사람이 되는 게 중요합니다.

🌱 용기 부여의 위력

용기 부여라는 것은 아이들이 제 인생의 과제를 해결할 능력이 있다는 자신감을 갖도록 돕는 일입니다. 아이가 자기 판단으로 인생의 과제를 해결하도록 이끄는 것입니다. 어른은 아이의 과제를 대신할 수 없을 뿐 아니라 아이를 아이의 의지와 다른 목표로 향하게 할 수도 없지요. 어른이 아이를 대하는 행위는 조작이나 지배가 되어서는 안 됩니다. 무슨 문제가 있을 때 아이를 윽박지르면 아이는 문제행동을 그만두기는 할 것입니다. 즉각적인 효과는 얻을 수 있지요. 그러나 부작용은 지금까지 살펴본 바와 같이 너무나 큽니다. 그것을 바로잡는 것은 매우 번거로운 일이지요.

그러나 용기 부여를 배우면, 아이에게 어떻게 용기를 줄 수 있는지 생각하게 되고 비록 시행착오를 할지라도 아이에게 말을 건네는 일이 시작됩니다. 그러다 어느 날 깨닫게 되지요. 내가 아이에게 용기를 주는 것이 아니라 오히려 아이에게 너무도 많은 용기를 받고 있다는 것을 말이죠.

제8장

타자와
어떻게 지낼 것인가

나를 살리는 타자

앞에서 살펴본 바와 같이 인간은 혼자서는 살아갈 수 없습니다. 약해서 그런 것이 아니라 본질적으로 타자와 함께 있을 때 비로소 인간이 될 수 있기 때문이지요. 사회나 공동체에서 동떨어져 사는 개인이란 존재할 수 없습니다.

그러나 어떤 의미에서 타자는 우리가 나아갈 길을 가로막는 존재입니다. 타자가 내 생각대로 움직여 주면 타자와의 관계에서 문제될 게 없지요. 그러나 타자가 내 의지와 다르게 나의 세계에 개입해오는 경우는 너무도 많습니다.

그렇다고 타자의 존재가 부정적인 것만은 아닙니다. 타자와의 관계 속에서 새로운 나를 발견하기도 하니까요. 나와 타자의 관계는 수많은 철학자가 고찰했는데 야기 세이이치의 '프런트 구조 이론'에서 저는 많은 것을 배웠습니다.

그는 사람을 그림으로 표현한다고 했을 때 하나의 개인은 사각형으로 그릴 수 있다고 보았습니다. 그런데 사각형의 네 변 중 한 변은 실선이 아니라 점선으로 그렸습니다. 이 점선은 타자에게 열려 있어서 이곳을 통해 타자와 만나지요. 타자도 역시 네 개의 변을 가진 사각형으로 표현되는데, 한 변은 타자를 향해 열린 점선으로 되어 있습니다. 나는 타자 없이 살아갈 수 없고, 나를 살리는 타자 역시 다른 타자가 살리고 있다는 의미지요.

이 점선 부분으로 인간은 타자와 접하게 되는데, 이 선(면이라고 해도 좋지요. 야기는 '프런트'라는 말을 사용합니다)에서 나(A)는 타자(A가 아니다)의 한 변이 됩니다. 이처럼 사람은 타자를 향해 열려 있는 프런트 즉, 선 혹은 면을 나의 일부와 동화시키지 않으면 안 됩니다. 사람은 나의 프런트를 타자에게 주는(프런트 수여) 동시에 타자의 프런트를 나의 일부로 동화시킵니다(프런트 동화). 다시 말해, 사람은 한 변이 점선인 사각형으로 표현되는 개별적 사물이 아니라, 타자와 접하고 겹쳐지면서 비로소 점선이 실선이 됨으로써 개별적인 사물인 존재자로 변모하는 것이지요.

우리는 이렇게 A→B→C……라는 식으로 연결되어 있으며, 최종적으로는 A→B→C……A가 되는 원환구조를 형성합니다. 이때의 화살표는 A가 A로서 완결된 상태가 아니란 것을 의미합니다. A→B는 B가 A의 존재를 짊어지고 있다는 의미지요. 이런 식으로 C도 B를, D도 C의 존재를 짊어지고 있습니다. 이것을 이론적으로 표현하면 원환이 되어 A→B→C……A가 된다고 할 수 있

습니다.

예를 들면, 유아는 자신의 존재를 어머니에게 맡기고 있습니다. 그 어머니도 혼자서는 존재할 수 없지요. 남편에게 존재를 맡길지도 모르고, 자신의 어머니에게 맡기고 있을지도 모릅니다. 그 남편과 그 어머니 역시 각각 다른 사람에게 그 존재를 맡기고 있지요. 이러한 의존관계를 간단히 표현하면 원환 모양일 텐데 실제로는 둥근 구가 됩니다.

행위 차원에서 보면, 나는 B에게 주는데 B가 내게 줄지는 알 수 없습니다. 그러나 B의 의지와 상관없이 나는 그 존재에게서 뭔가(행위가 아니라)를 받습니다. 그저 병상에만 누워 있는 환자(B)는 비록 행위 차원에서 A에게 아무것도 줄 수 없지만 A는 B의 존재에 의해서 뭔가를 받을 수 있다는 말입니다.

야기 세이이치는 유아와 어머니의 관계를 예로 들면서 프런트 교환(A가 B에게 프런트 수여를 하고, B가 A에 의해서 프런트 동화를 한다)은 서로 사랑할 때 수월하게 이뤄진다고 말합니다. 이처럼 사람과 사람이 맺어져 있다는 것을 잘 알고 행동하는 것이 바로 공동체감각이라는 겁니다.

반면 사람과 사람이 반목하면 프런트 교환은 쉽지 않습니다. 사람과 사람이 대립하는 상태는 인간의 본래 모습이라고 볼 수는 없습니다. 이러한 대립 역시 타자의 존재가 전제되어야 합니다. 혼자서는 대립할 수 없기 때문이지요.

🌿 주는 것과 받는 것

이처럼 우리의 존재는 타자와의 관계 없이는 성립되지 않기 때문에 타자를 떼어놓고서는 살아갈 수도 없습니다. 타자와 내가 어떤 관계에 있는가는 다음 문제입니다.

일찍이 저는 어머니의 병상을 오래도록 지켰습니다. 병원에 입원했기 때문에 실질적으로 어머니를 돌본 것은 의사와 간호사였고 저는 대소변 시중드는 일만 해서 딱히 간병이라 할 만한 상황은 아니었습니다. 그래도 간병이라는 게 얼마나 힘든 일인지 그때 처음 알았습니다. 뇌경색으로 몸져누운 어머니의 빨래와 대소변 시중이 늦은 밤까지 이어져 체력적으로 힘이 들었지요. 어머니는 의식이 없는 상태라 아무 말도 하지 못했습니다.

그 후 25년이 지난 지금은 아버지를 간병하고 있습니다. 아버지는 알츠하이머형 인지증이라 잠시도 눈을 뗄 수 없습니다. 아버지는 조금 전의 일을 잊어버립니다. 흙바닥에 그린 그림처럼 기억이 덧그려져 어떤 경우에도 "고맙다"는 말을 기대할 수 없는 상황입니다.

이런 상황은 대인관계의 극단적인 경우처럼 보이지만, 기본적으로 어떤 대인관계에서든 적용됩니다. 사람은 타자와 떨어져서는 살 수 없고 그런 의미에서 사람은 이 세계에 속한 일부입니다. 하지만 세계의 중심에 있는 것이 아니기 때문에 세계 혹은 타자로부터 당연하게 주어지는 건 없습니다.

　사람에게 뭔가를 주려고 할 때 무엇을 받을 수 있는지는 문제 되지 않습니다. 상이나 칭찬에 대하여 이미 살펴봤지만, 칭찬받으며 자란 사람은 칭찬을 기대하게 됩니다. 만약 아무도 자신의 행동을 칭찬해주지 않으면, 자신이 기대한 만큼의 상을 받지 못하면 적절한 행동을 그만두기도 합니다.

　반면 타자에게 어떤 기대를 하지 않아도 공헌감은 가질 수 있습니다. 지금까지 살펴봤듯 자신의 가치를 느끼는 것은 누군가에게 힘이 된다고 느낄 때입니다. "고맙다"는 말을 들을 수 있을지 없을지는 조금도 문제 되지 않습니다. '나는 가치가 있다'고 생각하는 것은 자신의 행동이 공동체에 유익할 때뿐이기 때문입니다. 그런 의미에서 공동체는 두 사람 사이에서도 얼마든지 성립됩니다.

　칭찬이 아니라 "고맙다"는 말을 하라고 한 것은 상대가 공헌감을 갖도록 하기 위해서입니다. 하지만 상대는 고맙다고 말해주지 않을지도 모릅니다. 그건 어쩔 수 없는 일이지요. 불공평하게 느껴질지 모르지만, 나란 존재는 타자의 존재를 전제로 하기 때문에 나는 타자에게 줘야 합니다.

　행위 차원에서 타자에게 뭔가를 받았기 때문에 되돌려주는 것이 아니라, 그저 타자에게 주는 것입니다. 이렇게 할 때 우리는 자신의 가치를 인정할 수 있습니다. 제 경우는, 행위 차원에서는 어머니가 아무것도 줄 수 없었지만 존재적 차원에서는 살아 있는 것만으로도 제게 뭔가를 주었지요.

얼마 뒤 어머니는 치료한 보람도 없이 세상을 떠났습니다. 세상을 떠난 어머니가 존재 차원에서 제게 아무것도 줄 수 없게 되었는가 하면 결코 그렇지 않습니다. 태동을 느낀 어머니에게 뱃속의 태아가 사람이듯, 뇌사상태에 있는 사람도 그의 가족에게는 여전히 사람이지요. 그와 마찬가지로 죽은 사람도 사람일 수 있습니다.

나 자신에 대해서도 이렇게 말할 수 있습니다. 뭔가 특별한 일을 하지 않아도 존재만으로 이미 다른 사람에게 공헌하고 있다는 것을 알아야 합니다. 행위 차원이 아니라 존재 차원에서 그렇다는 것입니다. 행위를 통해 타자에게 공헌할 수 없는 경우도 있기 때문이지요. 병에 걸렸을 때가 그렇습니다. 침대에 꼼짝없이 누워 있어야 하는 처지이지만, 누군가에게 힘이 된다고 느끼는 것입니다. 그것은 지금의 모습을 바꾸려 하지 않는다는 점에서 현재 상황을 긍정하는 듯 보이지만 결코 그렇지 않습니다. 비록 어떤 행위를 할 수 없어도 공헌감을 갖는 데는 용기가 필요하다는 것이지요.

심근경색으로 쓰러져 병원에 입원했을 때 절대 안정을 취하기 위해 침대 위에 꼼짝도 하지 않고 누워 있을 수밖에 없던 시절이 있었습니다. 얼마 뒤 침대에서 일어나 걸을 수 있을 정도로 회복했지만, 처음부터 모든 것을 다시 시작할 필요가 있었지요. 그러는 동안 가족과 간호사의 도움을 받아야 했습니다. 그런 제가 어떻게 공헌할 수 있을까요? 공헌은커녕 폐만 끼칠 따름이지요.

그런데 어느 날 저는 이런 생각을 떠올렸습니다. 저를 돕는 사람이 공헌감을 가질 수 있도록 돕고 있다고 말입니다. 주위 사람에게 오로지 폐만 끼친다는 생각, 간병이나 문병 온 사람을 번거롭게 만들 뿐이라는 생각은, 타자를 친구로 보지 않을 때나 생기는 게 아닐까요?

아들러는, 존재하는 것만으로도 자신이 중요하다고 생각하는 아이를 두고 이렇게 말했지요.

"만일 아이의 응석을 받아주고 주목의 중심에 세우면, 다른 사람에게 좋은 평가를 얻기 위해 어떤 노력도 하지 않은 채 그저 자신의 존재만 중요하다고 생각할지 모른다."

물론 응석받이 아이가 아무것도 안 하고 그대로 있어서는 곤란합니다. 타자에게 받기만 할 것이 아니라 자신은 물론 타인에게도 주는 사람이 되어야 합니다. 자기중심주의에서 벗어나야지요. 자신에 대한 관심$^{self interest}$을 타자에 대한 관심$^{social interest}$으로 바꾸기 위해 노력해야 합니다. 그렇게 해야 공동체감각이 생긴다는 의미입니다.

아이는 태어난 뒤 부모의 전면적인 지원이 필요하지만, 항상 그것을 당연시하면 응석받이 라이프스타일을 갖게 됩니다. 그럼에도 아이는 그 존재 자체만으로도 부모에게 공헌하지요.

아들러는 심지어 환자도 헌신적인 주위 사람들의 도움으로 증세가 호전되고 나면 자신에 대한 관심이 줄어드는 걸 느껴 병을 악화시키기도 한다고 지적합니다. 따라서 병에 걸렸을 때조차 자립심을 잃지 말아야 하는 겁니다.

아이에게는 오늘 하지 못해도 내일은 할 수 있다는 희망을 걸 수 있습니다. 하지만 저의 아버지처럼 회복을 기대하기 어려운 경우에는 더욱 존재에 주목해야 합니다. 아이를 '앞으로 어떻게 키울까'보다는 지금 이 시간을 아이와 공유하고 있다는 사실, 아이가 존재하는 것만으로 타자에게 공헌한다는 사실에 주목해야 합니다.

아들러는 '주는 것'을 중시했습니다. 나의 존재는 나만으로 완결되지 않습니다. 나의 존재는 타자에게 맡겨져 있습니다. 여기서 끝이 아니라 친구로서 타자와 조화를 이루고, 친구에게 받기만 하는 게 아니라 친구에게 주고 공헌해야 합니다. 그렇게 함으로써 자신에게 가치가 있다고 생각하게 되지요.

아들러는 말합니다.

"인생의 모든 문제는 협력 능력과 그것을 위한 준비를 요구한다."

협력 능력과 그것을 위한 준비가 이른바 공동체감각^{Gemeinschaftsgefuhl}인데, 사람은 타자와 공생하지 않으면 안 되기 때문에 그것이 필요한 것입니다.

나를 다르게 보는 타자의 눈

사람과 사람이 맺어져 있음에도 불구하고, 개인은 독자적 존재라는 사실을 잊어서는 안 됩니다. 사람과 사람의 관계를 강조하다 보면 아무래도 타자와의 차이보다는 동일성, 유사성을 강조하게 됩니다. 그러나 나와 타자 사이에는 거리가 있기 때문에 타자와의 관계가 가능한 것입니다. 차이가 없다면 타자와의 관계는 별 의미를 갖지 못합니다. 나와 타자가 다르기 때문에 언어라는 것도 필요한 것입니다.

당연한 말처럼 보일지 모르지만, 부모와 아이는 심리적으로 일체화하는 경우가 있습니다. 아이에 관해 부모는 자신이 가장 잘 알고 있다고 말하지만, 과연 그럴까요?

'이해한다'는 의미의 프랑스어 comprendre에는 '포함한다' 또는 '포섭한다'는 의미가 있습니다. 내가 당신을 이해한다는 것은 내가 당신을 포섭한다는 의미입니다. 그러나 상대를 포섭할 수 있다고 생각해도 상대는 나의 이해에서 벗어나 나의 이해를 초월합니다. 타자를 완전히 포섭할 수는 없습니다. 자기 자신에 관한 것조차 제대로 모르는 게 현실이니까요.

자기 아이는 자신이 가장 잘 안다고 말하는 부모는 아이에게 자신이 포섭할 수 없는 부분이 있다는 것을 생각지도 못합니다. 아이가 그런 부모에게 포섭되는 데 반발하는 것은 당연합니다. 부모에게 반항하는 것은 문제지만, 자신에게 부모도 포섭할 수 없는 부분이 있다는 것을 알릴 필요는 있습니다.

그런데 이 같은 타자에 의한 포섭 혹은 타자에 의한 평가를 받아들이는 사람이 있습니다. 보다 정확히 말하면 타자에 의한 포섭, 평가가 자신에게 바람직할 때만 받아들이는 거지요. 그래서 자신을 좋게 말하면 기뻐하고, 나쁘게 말하면 슬퍼하거나 분개하지요.

그러나 이건 잘못된 것입니다. 나의 가치는 타자의 평가에 달려있는 게 아니니까요. 한심한 사람이라는 말을 들었다고 해서 내가 정말로 한심한 사람이 되는 것은 아닙니다. 반대로, 타자가 나를 높게 평가했다고 해서 그 평가에 의해 내 가치가 높아지는 것도 아니지요. 타자의 평가는 나의 가치를 높이지도 낮추지도 않습니다.

모든 사람이 동일한 평가를 할 리도 없죠. 나를 긍정적으로 평가하는 사람도 분명 있습니다. 비록 아무도 나를 높이 평가하지 않지만 그것이 내 가치를 낮추지는 않습니다. 그럼에도 타자가 나를 어떻게 생각하는가는 신경 쓰이는 일이긴 하지요. 정신과 의사 레인은 다음과 같이 말합니다.

"내 자신이 타자가 보는 것과 반드시 같지는 않다는 것을 깨닫는 건 대단한 일이다. 그런데 자신의 아이덴티티, 결국 자신이 마땅히 그래야 하는 모습being-for-oneself과 타자에게 비쳐진 모습being-for-others이 일치하지 않는다는 걸 알게 되면 고통스럽다."

이 불일치를 없애려면 어떻게 하면 좋을까요? 첫째, 다른 사람이 나를 어떻게 보는지 일절 문제 삼지 않는 겁니다. 상담을 할 때 자기평가가 터무니없이 낮은 사람에게는 "당신이 생각하는 당신의 모습과 타인의 눈에 보이는 당신은 다르다"는 것을 말해주기도 합니다. 나를 보는 다른 시점을 이해하고 나서야 자기 평가를 바꿀 수 있기 때문입니다.

레인은 어떤 사람에게 주어진 속성이 그 사람을 한정짓거나 특정한 경지로 몰아넣는다고 말합니다. 이것을 두고 레인은 속성 부여^{attribution}라고 합니다. 이때의 속성은 사물이 가진 특징이나 성질을 말합니다.

그런데 A가 B에게 투여한 속성과 B가 A에게서 받은 속성이 일치하기도 하지만 일치하지 않을 때도 있습니다. 부모에게서 벗어나려는 아이에게 부모는 '네가 엄마를 사랑하는 걸 잘 알고 있다'며 속성 부여를 하지요. 끊임없는 사랑 고백에 난처해하는 여성에게 어떤 남성은 "당신도 나를 사랑해왔다는 걸 잘 안다"고 말합니다. 이것도 속성 부여에 해당합니다.

그런데 레인은 이런 속성 부여는 명령이기도 하다고 말합니다. '나를 사랑하라'고 부모는 아이에게, 남자는 여자에게 명령하고 있습니다. 문제는 이 같은 속성 부여를 받아들인다는 데 있습니다. 타자의 속성 부여에 나를 맞추려는 것도 문제죠. '엄마를 사랑하지 않느냐'는 질문에 '그렇다'고 대답하는 것은, 설령 어머니에게 뺨을 맞는 한이 있더라도, 명령에 가까운 속성 부여를 받아들이는 것보다는 훨씬 바람직한 일입니다. 왜냐하면 뺨

제8장 타자와 어떻게 지낼 것인가

을 때린 어머니는 적어도 아이를 자신과는 분리된 존재로 다루고 있기 때문에, 아이 자신도 어머니에게 영향을 미칠 수 있다는 것을 알지요.

타자의 독립을 인정하지 않는 사람은 아이가 벗어나려고 해도 그와 반대되는 방향으로 속성 부여를 합니다. 그렇게 함으로써 '진정한 배리背離real disjunction'는 사라지고 '가짜 연결false conjunction'이 만들어지는 겁니다. 그래서 사람들은 타자에 의한 속성 부여나 평가, 기대로부터 자유로워지고 싶은 것이죠.

이것은 입장을 바꿔도 적용될 수 있습니다. 타자도 나의 기대를 채워주기 위해 사는 것이 아니므로 속성을 부여할 수 없습니다. 속성 부여는 명령이기도 하지만 타자가 그 속성 부여를 따라야 할 의무는 전혀 없습니다.

타자의 승인은 필요 없다

나를 받아들이고 자존심을 갖기 위해서는 타자의 승인이 필요하다고 생각하는 사람이 많습니다. 지금 살펴본 속성 부여를 받아들이는 것도 타자에게 승인받는 것이라고 할 수 있지요. 타자에게 승인을 받는 것은 분명 기쁜 일입니다. 타인에 의해 단점이 장점으로 바뀔 때, 생각지도 못한 방식으로 타자가 나를 보고 있다는 것을 알게 될 때 놀라움과 기쁨을 느끼지요. 그런 의미에서 타자의 승인이 필요 없다는 것은 지나친 말일지 모릅니다.

그러나 나를 받아들이고 좋아하기 위해 타자의 승인이 절대적으로 필요한 것일까요? 결코 그렇지 않습니다.

방과 후 몸져누워 있는 증조할머니의 대소변을 받아내는 초등학생이 있었습니다. 그는 당연하다는 듯 증조할머니를 보살폈지요. 저는 그 이야기를 듣고 무척 놀랐습니다. 보통 아이 같으면 용돈을 준다고 해도 절대 하지 않을 일이기 때문이지요. 그런데 그의 부모는 이렇게 말하더군요.

"하지만 그 아이는 공부를 하지 않습니다."

아이가 공부할 때만 인정한다는 의미입니다. '공부해라, 그리고 좋은 성적을 받으라'고 아이에게 명령하는 셈이지요. 증조할머니를 돌보는 일은 하지 않아도 좋다고, 그것이 오히려 공부를 방해한다고 부모는 보고 있었던 것이죠. 이 초등학생은 부모의 승인을 구하지 않았습니다. 그러기는커녕 아이의 행위를 억제하려는 부모의 말에 구애받지 않고 자신의 판단대로 행동했습니다.

주목받고 싶고 승인받고자 하는 사람은 어린 시절부터 받아온 상벌교육에 영향을 받은 것입니다. 자신을 칭찬하는 사람이 없으면 적절한 행위를 하지 않는 사람이 그런 사람입니다. 복도에 쓰레기가 떨어져 있을 때 칭찬받고 싶은 사람은 주위를 살핍니다. 그런데 칭찬해줄 사람이 없으면 아무런 행동도 하지 않습니다. 이상한 일 아닙니까?

주목받는 것을 행동의 목적으로 삼은 사람은 칭찬받고자 뭔가를 합니다. 분명 그 행동은 표면적으로는 적절한 것입니다. 그러나 기대했던 타자의 주목을 받지 못하면 주목해주지 않는 사람에게 화를 내든가, 다시는 적절한 행동을 하지 않겠다고 결심합니다.

여기서 주의해야 할 것이 있습니다. 타자에게 주목을 받거나 승인을 받을 필요가 없다고 해서 타자 혹은 좀 더 넓은 사회와 관계하지 않아도 된다는 것은 아니라는 점입니다. 일부러 승인을 요구하지 않아도 타자와의 관계 속에서 살아가는 한, 말로써 승인받지 않아도 충분히 승인받고 있는 것이기 때문입니다. 타자의 승인이나 주목이 필요 없다고 말할 때, 이것은 행위 차원에서 말하는 것입니다. 인간이 타자와의 관계 속에서 사는 한, 존재 차원에서 타자의 승인을 받는 것입니다. 비록 아무것도 하지 않아도 그렇다는 말입니다.

🌿 경쟁에서 나를 구해내기

타자가 반드시 나에게 방해되는 존재는 아닙니다. 오히려 자기 존재의 토대가 되어 줍니다. 타자가 없다면 이 글을 쓰고 있는 저 역시 존재할 수 없습니다. 타자와 나는 협력해갈 필요가 있는 것이지요.

그러나 실제로는 타자와 늘 경쟁합니다. 이기느냐 지느냐, 누가 위고 아래냐가 문제가 되지요. 아들러가 생각하듯 타자와 대등한 관계라면 굳이 경쟁할 필요가 없습니다. 아들러는 공동체감각을 가진 사람은 협력하고 공헌한다고 말하는데, 그렇게 보면 경쟁은 협력과는 상반되는 것입니다.

다윈이 지적했듯이 동물은 단독으로 있는 것보다 무리를 짓는 편이 훨씬 생존하는 데 유리합니다. 타자와의 협력은 이처럼 생물적 혹은 사회적으로만 필요한 게 아닙니다. 자신이 존재하는 근거, 다시 말해 자신이 존재하는 토대를 만드는 데 필요합니다. 그런 점에서 경쟁은 만연해 있지만 정상적인 게 아니지요.

아들러가 인간 사회에서 최고의 경쟁이라고 할 수 있는 전쟁을 현실에서 직접 겪어 보고 공동체감각을 주장한 것에 주목할 필요가 있습니다. 전쟁이나 경쟁은 인간 본성이 아니라고 생각했다는 것 자체가 특별한 관점이지요.

경쟁은 정신 건강을 해칩니다. '만인의 만인에 대한 투쟁'이란 말에서 알 수 있듯이 경쟁이 하나의 세계관이긴 하지만 보편적이고 타당한 것은 아니라고 아들러는 지적합니다. 토마스 홉스가 〈리바이어던〉에서 이 말을 쓴 데는 이유가 있습니다. 인간은 자기보존욕구를 갖고 있는데 타자가 힘으로 나의 권리와 행복을 차지하려는 것을 홉스는 '자연상태'라고 봤습니다. 하지만 아들러가 이 같은 세계관을 인정하지 않은 것은 타자를 압도해 나만 행복할 수는 없기 때문입니다. 타자와의 협력, 타자를 위한 공헌이 필요하다고 생각한 것이지요.

제8장 타자와 어떻게 지낼 것인가

경쟁하는 한 협력이나 공헌은 사실상 불가능합니다. 일상적으로 경쟁이 이뤄진다고 해서 그것을 그대로 긍정해서는 안 됩니다.

🌱 힘에서 대화로

사람과 사람은 대등하며 경쟁보다는 협력하는 게 본래 모습이라고 봤을 때, 사고방식이 다르다고 힘으로 나의 생각을 상대에게 강요할 필요는 없습니다. 오사카 대학에서 열린 '평화를 위한 집중강의'에서 오쿠모노 교코 교수는 청중에게 재미난 제안을 했습니다.

"두 사람이 한 팀이 되어, 한 사람은 두 손을 단단히 맞잡고, 다른 사람은 그 손을 풀어보세요."

그러자 교실 안에서 일대 소란이 벌어졌습니다. 잠시 뒤 오쿠모토 교수가 물었습니다.

"여러분 중에 손을 펴 달라고 말한 사람 있습니까? 왜 힘으로 풀려고 합니까? 평화적인 수단으로 분쟁을 극복하고 싶습니까. 그렇다면 대화를 나누세요. 상대와의 관계 설정, 상대에 대한 상상력, 창조력이 필요하니까요."

이 일화에서 알 수 있듯 대화를 통해 문제를 해결하겠다는 생각을 못하는 사람이 많습니다. 다짜고짜 꾸짖으며 감정적으로 상대를 압도하려고 하지요. 이런 방법은 간단하기도 하고 즉각적인 효과를 불러오는 것처럼 보입니다. 그러나 일시적인 해결에 그친다는 것을 일상의 상황에서 우리는 얼마든지 경험할 수 있지 않습니까? 대화로 문제를 해결하려고 하면 수고도, 시간도 더 들긴 합니다. 하지만 언어를 사용하지 않고 어떤 결론에 이르면 그 결과는 매우 위태롭게 됩니다.

개인의 문제에서만 그런 게 아닙니다. 국가 간에도 똑같은 문제가 일어날 수 있지요. 아들러는 참혹한 제1차 세계대전을 두 눈으로 직접 목격했지만, 공격본능을 긍정하지 않았습니다. 그 본능을 긍정한다는 것은, 무력을 행사할 수도 있다는 뜻이며 인명을 희생시키지 않고 언어를 통해 차이를 조정하겠다는 의지를 부정하는 것입니다.

부모에게 학대받았던 사람이 부모를 원망하면서 자신의 아이를 학대하지는 않을 것입니다. 하지만 부모에게 아무리 심한 학대를 받았어도 부모는 자신을 사랑했다고 믿는 사람이 있습니다. 그런 사람은 자신이 부모가 되었을 때 과거에 자신이 경험했던 것과 똑같이 자식을 학대합니다. 그러면서 자신이 아이를 사랑한 만큼 부모 역시 자신을 사랑했다고 확신하지요. 학대가 연쇄적으로 이어지는 겁니다.

생각의 차이가 있어서는 안 된다는 게 아닙니다. 오히려 생각에 차이가 있는 건 당연합니다. 문제는 그 생각의 차이를 어떻게 조정하는가입니다. 전쟁 반대를 단순히 슬로건으로 주장하기만 해서는 충분하지 않습니다. 전쟁은 반대한다고 주장하면서 일상에서 아이를 감정적으로 꾸짖는다면 다음 세대도 같은 과오를 반복해서 저지를 게 뻔하니까요.

인생을
어떻게 살 것인가

🌿 인생 자체가 의미 있는 것은 아니다

이 세계에서 일어나는 모든 일에 의미가 있는 건 아닙니다. 아무 죄도 없는데 우연히 그 자리에 있었다는 이유만으로 흉악범의 칼에 찔리고, 젊은 나이에 병으로 쓰러지는 것에 어떤 의미가 있다고 보기는 어렵지요. 너무나 부조리하니까요. 그런 불행이나 병은 신이 인간을 벌주기 위해서 행하는 게 아닙니다. 전생의 인연 때문도 아닙니다. 왜 그런 일이 일어나는지는 아무도 모릅니다.

만약 우리에게 일어나는 모든 일에 의미가 있다고 인정한다면 지금의 이 세계를 그대로 긍정하게 됩니다. 그러나 이 세계에서는 너무도 많은 악과 부정이 넘쳐납니다. 이처럼 부조리하고 비참한 사건을 막을 수는 없지만 우리에게는 고통과 불행을 극복할 힘과 용기가 있습니다. 운명에 굴하지 않고 꿋꿋이 살아가는 사람의 모습에서 그것을 배워야 하지요. 자연재해 같은 것은 인간의 힘으로 어쩔 수 없지만 인간에 의해 일어나는 일이라면 얼마든지 바꿀 수 있지요. 하지만 인생의 아픔을 극복하기 위해 '왜 이런 일이 일어났을까'를 따지는, 다시 말해 그 원인을 과거에서 찾는 것으로는 충분하지 않습니다. '앞으로 무엇을 해야 하는가?' '무엇이 가능한가?'를 생각해야 하지요.

자신의 힘이 약하다는 이유로 아무것도 하지 않는다면 우리에게 일어난 일을 긍정하는 거나 마찬가지입니다. 따라서 어떤 일이 나와 직접적으로 관계가 없는 것처럼 보이더라도 내가 할 수 있는 일이 무엇인지 생각해야 합니다. 인생은 그 자체에 의미가 있는 게 아니라 부조리를 극복하여 의미 있는 것으로 만들려고 노력할 때 진정한 의미가 있기 때문이지요.

현실을 극복하겠다는 의지

현재의 모습과 상황을 바꿔가기 위해서는 현실을 극복해 나가야 합니다. 현재의 상황이 좋지 않을 때만 상정해 놓고 하는 말이 아닙니다. 더 나은 인생을 살기 위해 어떻게 하면 좋은지, 현실 너머에 있는 이상을 보자는 말입니다. 현재의 모습이 우리가 보는 전부이므로 어쩔 도리가 없다고 생각해서는 안 됩니다. 현실에서 온전하게 옳은 일, 긍정할 일은 그다지 많지 않으니까요.

'선'은 이미 살펴본 바와 같이 '나를 위한다'는 의미입니다. 누구나 자신을 위한 일을 하고 싶지요. 하지만 무엇이 선인지는 각자 다르고 주어진 현실과 동떨어진 것도 있습니다. 그런 점에서 보면 현실은 이상과 일치하는 경우가 거의 없다고 보는 게 맞지요. 그렇다면 어떻게 살아야 할까요? 현실을 그대로 인정하는 게 아니라 현실을 극복하려고 노력할 필요가 있지요. 현실이 어떠하든 이상을 추구해야 한다는 뜻입니다.

이미 일어난 일을 사후에 설명하는 사후이론은 자칫 악용되기 쉽습니다. 감정적인 상태에서 아이를 꾸짖는 부모가 있다고 합시다. 그 부모는 그 이유를 얼마든지 댈 수 있지요. 아이를 꾸짖어 자신이 생각한 대로 만들겠다는 목적을 이미 갖고 있기 때문입니다. 그러니 꾸짖는 이유가 무엇이든 아무래도 상관없습니다.

국가가 다른 나라와 전쟁을 벌일 때도 마찬가지입니다. 대의명분을 내세우지요. 전쟁을 통해 경제적 이득을 보겠다고 하면 아무도 전쟁을 지지하지 않을 겁니다. 하지만 정의나 국익을 내세우면 사람들은 전쟁마저도 지지합니다. 그걸 알기 때문에 위정자는 전쟁이라는 목표를 설정해 놓고는 사후적으로 대의명분을 내놓지요. 이렇게 사후이론은 전쟁 자체의 옳고 그름은 따지지 않고 이미 정해진 것을 나중에 무비판적으로 정당화할 뿐입니다.

심리학 역시 현재 상황을 사후에 추인하기만 해서는 현실을 바꿀 수 없습니다. 과거로 눈을 돌려 현재 증상을 분석하기만 하는 심리학은 문제 해결 능력이 없습니다. 아들러도 그런 시각으로 심리학에 접근했습니다. 그가 과거를 전혀 문제시하지 않는 것은 아넙니다. 상담할 때는 과거에 있었던 일을 묻기도 하지요. 하지만 과거 사건이 문제의 원인이었다는 것을 확인하려는 건 아닙니다. 그런다고 해서 과거를 되돌릴 수는 없으니까요. 우리가 응시해야 할 것은 과거가 아니라 미래입니다. 눈앞에 어떤 문제가 있든 앞으로 어떻게 할 것인지, 그것을 위해서 무엇을 할 수 있는지 생각하는 수밖에 없습니다.

🌱 인생을 인도하는 별

현실을 초월하면서 현실과의 접점을 놓치지 않는 게 중요합니다. 아들러는 인생과의 연관성, 현실과의 접점을 잃는 태도는 문제라고 지적했습니다. 현실과 접점을 잃은 한 가지 예를 들어볼까요. 타인이 나를 어떻게 생각하는지 신경 쓰는 것입니다. 남에게 어떤 인상을 주는가, 다른 사람이 어떻게 생각하는가만 신경 쓰다 현실과의 접점을 잃게 되는 건 문제라는 것입니다. 아들러는 이렇게 말했습니다.

"실제가 어떤가보다 남에게 어떻게 비치는가를 신경 쓰면 현실과의 접점을 잃고 만다."

현실과의 접점을 잃은 또 다른 예가 있습니다. 나와 타자의 이상은 꿈꾸면서 나와 타자의 현실은 보지 않는 것입니다. 이상을 봐서는 안 된다는 말이 아닙니다. 이상을 보되 현실에서 출발해야 한다는 겁니다.

부모가 아이에게 "지금 그대로의 네가 좋다"고 말하는 것도 그렇게 볼 수 있습니다. 병에 걸리든, 문제행동을 하든, 부모의 이상과 다르든, 아이는 부모에게 그저 아이지요. 비록 등교시간에 맞춰 빠듯하게 일어나도 따뜻한 몸으로 일어나 주기만 하면 그것만으로도 부모는 기뻐합니다. 그 존재 자체만으로 기쁜 것이죠. 존재라는 측면에서 보면 아이는 부모에게 이렇게 용기를 줄 수 있습니다. 그러고 보면 우리는 지금 이대로의 나로도 충분히 좋습니다. 인생은 다른 사람의 기대를 채워주기 위해 사는 게 아니기 때문입니다.

앞에서 '속성 부여'를 살펴보았지만, 타자가 나에게 '당신은 이런 사람'이라고 말할 때 사실상 그것을 명령으로 받아들이는 사람이 있습니다. 그러나 거기에 구애받지 말고 '누가 무슨 소리를 하든, 나는 나!'라는 생각으로 살아가는 게 좋습니다.

나는 타자에게 전혀 도움이 되지 않는다, 나만 없으면 모두 사이좋게 살 것이다, 라고 생각하는 사람이 있는데 결코 그렇지 않습니다. 우리 각자는 특별히 어떤 일을 하지 않아도 충분히 타자에게 공헌할 수 있다고 생각하는 게 좋습니다. 아이는 생각도 못하겠지만, 부모의 눈에 아이는 존재 그 자체로 충분히 공헌하고 있습니다.

현실과의 접점을 잃은 또 다른 사례도 있습니다. 뭔가를 실현했을 때만 비로소 진정한 인생이라고 생각하는 것입니다. 어떤 목적을 세울 때 그것이 미래에 반드시 구현되어야만 하는 것은 아닙니다. 그런 생각으로는 '지금 여기서' 살아갈 수 없습니다. 현실과의 접점을 잃게 되지요. '내가 만약 ~이었다면'이라는 생각에 빠져 있는 것은, 가능성에만 기대는 신경증적인 논리지요.

인생의 과제 앞에서 패배를 두려워하는 사람은 도전 자체가 두려워 가만히 있으려고 합니다. 다른 사람이 어떻게 볼지 신경 쓰면서 거기에 맞추기만 하다 보면 인생에서 일정한 방향성을 유지할 수 없습니다. 절충할 수 없는 두 가지 생각을 동시에 받아들이기도 하고, 적대적인 양쪽 사람에게 동시에 충성을 맹세하는 일도 생기지요.

현실이 어떠하든 미래를 읽고 이상을 간직한 채 지금 이곳에서 살아가야 합니다. 미래에 무슨 일이 일어날지는 아무도 모릅니다. 그것을 모른다고 해서 고민할 필요도 없습니다. 그러려면 눈앞의 일에 사로잡히지 않고 목표·이상을 똑바로 응시해야 합니다. 지금 직면한 역경이 나한테는 모든 것이라서 그것을 해결하지 않으면 단 한 걸음도 앞으로 나아갈 수 없다고 생각해서는 안 된다는 말입니다.

역경의 한가운데 있을 때 이런 말은 받아들이기 어렵지요. 그러나 이상은 우리를 인도하는 별입니다. 우리가 시선을 보내는 한 결코 방황하지 않습니다. 이 별이 시야에서 사라지면 눈앞의 일에 사로잡혀 작은 일에 기뻐하기도, 슬퍼하기도 합니다. 찰나적인 태도로 인생을 살아가게 되지요. 이상을 응시하지 않으면 '지금 이곳'을 살아가는 태도가 찰나주의에 빠질 수밖에 없는 겁니다. 이상을 응시하는 한 최종 목표는 늘 시야에 있기 때문에 도중에라도 얼마든지 방향 전환이 가능합니다.

낙관주의, 낙천주의, 비관주의

아들러가 인생을 살아가는 태도로 권하는 것은 낙관주의라는 말로 정리할 수 있습니다. 나에게 주어진 과제를 원활하게 해결할수 있다고 믿는 낙관적인 아이에게는 용기, 솔직함, 신뢰, 근면이라는 성격적 특성이 있다고 아들러는 말합니다. 물론 모든 일을해낼 수 있는 것은 아니겠지요. 그러나 낙관주의자인 아들러는, 문제 해결을 위해 애초부터 아무것도 하지 않고 단념하는 것, 어떤구실을 찾아 과제와 맞서지 않는 것은 곤란하다고 했습니다.

낙관주의는 어떤 역경 앞에서도 어떻게든 될 거라고 생각하는낙천주의와는 다릅니다. 낙천주의자는 무슨 일이 일어나도 '괜찮다' '나쁜 일은 일어나지 않는다' '무슨 일이 일어나도 어떻게든될 거야'라고 생각해 아무것도 하지 않습니다. 내가 할 수 있는 일중에서 뭐라도 하는 낙관주의자와는 다르지요. 지나치게 심각해지지 않는 것도 필요하지만, 낙천주의자처럼 지나치게 인생을 밝게 봐서 진지하게 받아들여야 하는 상황도 가볍게 다루는 것은 문제이지요.

자신의 과제를 해결할 수 없다고 믿는 아이는 비관주의적인 성격적 특성을 발달시킵니다. 겁을 먹고, 소심해지고, 자신을 닫아버리고, 타인을 불신합니다. 허약한 사람이라면 자신의 몸을 지키려는 성향을 보이기도 합니다. 이런 아이들을 가리켜 아들러는 '싸우는 비관주의'라고 말합니다.

그나마 이런 아이는 나은 편입니다. 자신은 이제 아무것도 할 수 없다며 체념한 채 인생에서 한 걸음 뒤로 물러나 자신의 과제에서 멀찌감치 떨어진 곳으로 피해버리는 사람이 있으니까요. 이들은 뭘 해도 안 된다는 생각에 아무것도 하지 않습니다.

주어진 과제를 최종적으로 해낼 수 있는지는 아무도 모릅니다. 그렇지만 비관주의자처럼 아무것도 안 하면 당연히 어떤 것도 달성할 수 없지요. 낙천주의자처럼 어떻게든 될 거라며 행동하지 않는다면 말입니다.

🌿 키네시스와 에네르게이아

일찍이 아리스토텔레스는 키네시스(운동성)와 에네르게이아(현실태)란 개념을 정립했습니다. 그에 따르면 보통 운동(키네시스)에는 시작점과 종결점이 있습니다. 그런 운동은 신속하게 효과적으로 마무리하는 게 바람직하지요. 예컨대 통근이나 통학을 할 때 가급적 빨리 근무지나 학교에 도착하려고 합니다. 목적지에 도착할 때까지의 동작은 아직 미완성이며 불완전합니다. '되어가는 중'에 머무는 게 아니라 어느 기간 동안에 '해내는' 것이 중요합니다.

이에 반해 에네르게이아는 '되어가는' 것 자체가 '해내는' 것입니다. 에네르게이아의 관점에서 보면 모든 움직임은 늘 완전합니다. '어디서 어디까지'라는 효율성과도, '얼마 동안'이라는 조건과도 무관합니다. 예를 들면, 댄스는 춤추는 것 자체에 의미가 있지 그것을 통해 어딘가에 도달하려는 건 아니지 않습니까? 춤을 추다 어딘가에 도착할 수도 있겠지만, 그런 목적으로 춤추는 사람은 없습니다. 여행도 에네르게이아의 예가 되겠군요. 어떤 목적지에 도달하는 건 별 의미가 없습니다. 목적지에 도착하기 전까지도 이미 여행이며, 목적지에 도착하는 게 여행의 목적도 아닙니다. 이미 집을 나온 순간부터 여행은 시작되고, 그 자체가 여행이지요. 여행에서 시간은 평소와는 전혀 다른 방식으로 흘러가니까요.

그렇다면 살아간다는 것은 키네시스와 에네르게이아 중 어디에 해당할까요?

"당신은 지금 인생의 어디쯤에 와있습니까?"라는 질문을 받으면 대다수 사람들은 인생을 하나의 직선으로 떠올립니다. 젊은 사람은 그 선이 시작되는 부분을 가리키고 나이든 사람은 끝 부분을 가리킵니다. 이렇게 인생을 직선으로 받아들이면, 탄생과 함께 선이 시작되어 죽음으로 선이 끝난다고 생각합니다.

아직 반환점(중간점)까지는 멀었다고 대답하는 사람도 있겠지요. 하지만 그게 맞는 답인지는 어느 누구도 모릅니다. 그 답은 앞으로도 오래 살게 될 것이라는 전제에서 나온 것인데 이미 과거에 그 반환점을 통과했을지도 모르니까요. 그것은 시간이 흘러간 뒤에나 알 수 있는 것이지요.

다시 한 번 묻습니다. 산다는 것은 키네시스일까요? 에네르게이아

일까요? 아리스토텔레스가 말했듯 후자가 아닐까요? 어딘가에 도착하지 않아도 시시각각 '지금'을 '살아내고 있기' 때문이지요. 그렇게 생각하면 인생이 갑자기 끝난다 해도 '젊은 나이에 뜻을 이루지 못하고 눈을 감았다'는 식의 비관적인 말은 하지 않을 것입니다.

아들러는 1937년 5월 28일 67세의 나이로 스코틀랜드 아바딘에서 홀연히 세상을 떠납니다. 아바딘 대학에서 나흘간 강연회를 무사히 마치고, 다음 강연지로 출발하는 날 아침에 산책하러 호텔을 나선 직후 그는 쓰러졌습니다.

그의 강의를 듣던 신학도가 그를 알아보고 응급처치를 하기 위해 넥타이를 풀었을 때 그는 "쿠르트"라고 중얼거렸습니다. 아들 이름이었지요. 심장 마사지를 했지만, 의식은 돌아오지 않았습니다. 구급차가 도착해 들것에 실릴 때 그는 자신의 몸을 쉽게 옮길 수 있도록 협조하는 것 같았다고 합니다. 아들러는 구급차가 병원에 도착하기 전 숨을 거뒀습니다. 심근경색이었지요.

아들러도 자신이 돌연 죽음을 맞이할 것이라고는 생각하지 못했을 것입니다. 그 어느 누구도 내일 일은 알 수 없습니다. 생은 내일을 기다리지 않고 지금 여기서 완성됩니다.

죽음을 생각한다는 것

아들러가 의사가 되기로 결심하면서 문제시 했던 죽음에 대하여 이야기하려고 합니다. 죽음의 두려움에서 도망치기 위해 우리는 무엇을 할까요?

죽음을 무효화시키려고 합니다. 흔히 사람들은 죽지 않는다는 식으로 자신을 납득시키려고 하지요. 사람은 죽어서 무^{無}로 돌아가는 것이 아니라 그저 지금 모습과는 다른 형태로 남는다고 생각하지요. 예컨대, 죽어서 바람이 된다고 생각하는 사람이 있지요. 영매사의 힘을 빌리면 죽은 자와 얼마든지 교신할 수 있다고 생각하는 사람도 있습니다.

호스피스 운동을 펼친 정신과 의사 엘리자베스 퀴블러 로스는 "죽음이란, 이 인생에서 다른 존재로 이행하는 것에 지나지 않는다"고 말합니다. 과연 죽음은 그저 '이행'에 불과한 것일까요? 퀴블러 로스는 2004년 9월 24일 세상을 떠났습니다. 퀴블러 로스의 죽음이 가까워졌을 때 그녀를 우상시하는 사람들은 엄청난 일이 일어날 게 분명하다며 뭔가를 기대했을 것이라고 퀴블러 로스의 제자 데이비드 케슬러는 말합니다. 그러나 아무 일도 일어나지 않았지요. 도스토예프스키의 소설 〈카라마조프의 형제들〉에서도 조시마 장로가 죽었을 때 기적이 일어날 거라고 사람들은 기대했지만 부패한 냄새가 피어올랐을 뿐입니다.

기적이 나타나지는 않아도 사후의 생이 존재한다고 믿는 사람은 많습니다. 그러나 그것을 죽음이라고 할 수 있을까요? 저는 죽음을 무효화하려는 쪽에 편들 생각은 없습니다. 죽음을 앞둔 사람이나 사랑하는 사람을 앞서 보낸 사람이 사후의 생을 바라는 마음은 충분히 이해할 수 있습니다. 사후에도 사람이 무無가 되지 않는다고 믿기 때문에 죽음에 대한 두려움을 극복할 수 있고, 사랑하는 사람을 잃은 슬픔도 치유할 수 있는 것이겠지요.

제 어머니는 이른 연세에 세상을 떠났습니다. 자식을 위해 모든 것을 희생해온 삶을 살아오다, 나머지 인생을 즐기겠다고 생각하던 시점에 세상을 떠났습니다. 그렇다면 저의 어머니 같은 인생은 과연 보상받을 수 있을까요?

악인이 벌을 받지 않고 선인이 이 세상에서 보상받지 못하는 것을 두고 내세가 존재한다는 증거로 삼을 수는 없습니다.

죽음의 두려움을 어떻게 극복할 것인가

죽음은 특별한 것이니까 생과 동떨어진 별개의 것이라고 생각하는 사람이 있습니다. 저는 그렇지 않다고 생각합니다. 죽음도 생의 일부입니다. 그런 점에서 퀴블러 로스의 '죽음을 수용하는 5단계'는 시사하는 바가 큽니다. 중요한 것은 생의 상실이 아니라 '살아지고 있는 생'이라는 것이지요.

죽음을 생의 일부라고 보는 것은, 죽음을 무효화시키는 게 아닙니다. 죽음 그 자체가 어떤 것인지는 모르지만 죽기 전에 죽음을 맞이하는 준비는 우리에게 주어진 인생의 과제이지요. 죽음은 어떤 식으로 직면하든 중대한 사태입니다만, 다른 인생 과제에 직면

하는 것과 기본적으로는 다르지 않기 때문에 죽음을 맞이하는 과제를 특별한 태도로 받아들일 필요는 없습니다.

죽음이 무엇이건 우리는 지금의 생을 행복하게 살아갈 수 있습니다. 죽음 앞에 다가갔을 때 삶의 방식을 크게 바꿀 수밖에 없다면 그때까지 살아온 방식에 문제가 있는 것입니다. 따라서 칭찬을 기대하지 않는 삶을 살아왔다면, 내세에 보상을 받지 않아도 좋을 것입니다.

소크라테스가 말했듯 우리가 죽음을 두려워하는 것은 죽음에 대하여 아무것도 모르면서 알고 있는 것처럼 생각하기 때문이지요. 죽음이 '온갖 선 중 최고의 것'인지는 알 수 없지만, 그것이 선일 가능성도 완전히 배제돼야 하는 건 아닙니다.

살아있는 한 죽음은 결코 체험할 수 없습니다. 임사체험한 사람은 있어도 죽음을 직접 체험한 사람은 없습니다. 죽음이 어떤 것인지 알 수 없으며, 이미 알고 있는 어떤 것으로도 죽음을 설명할 수 없습니다. 따라서 죽음은 암흑처럼 어둡지만 '적'으로 단정할 수 없습니다. 철학자인 다나카 미치타로는 〈차라투스트라는 이렇게 말했다〉를 인용해 이렇게 말합니다.

"죽음의 자각만이 생의 사랑이다."

죽음을 응시할 때 오히려 생을 사랑하게 됩니다. 죽음을 두려운 것이라고 단정하지 않는 게 중요합니다. 야기 세이이치의 프런트 구조이론에서 보았듯 타자의 하나로서 죽음은 나를 완성시키니까요.

그럼에도 인생의 끝에서 반드시 받아들여야만 하는 죽음을 부정적으로 보는 데는 그럴만한 목적이 있습니다. 저는 앞에서 그것을 '미래를 향한 원인론'이라고 불렀습니다. 과거에 일어났던 일이 지금을 만든 원인이라고 보았듯이 미래에 일어날 일이 지금과 앞으로의 삶의 원인이 된다면, 지금 현시점에서 미래가 결정되는 것입니다.

그렇다면 미래를 염두에 둔 원인론에도 어떤 목적이 있을 겁니다. 이를 테면 어려운 과제와 직면했을 때, 그것을 해결하려는 노력을 하지 않기 위해서(정확히는 그런 노력을 회피할 수 있다고 믿는 것이죠), 자신이 불행하다는 것을 스스로 납득시키기 위해서 지금은 행복해도 나중에 그것을 잃게 될 때 받게 될 충격을 경감시키기 위해서 말입니다. '미래를 향한 원인론'이란 것도 결과적으론 원인론이 아니라 목적론이 되는 셈이지요.

사람은 왜 늙음, 질병, 죽음을 두려워하는 것일까요? 이 문제는 아들러가 다른 문제를 다룰 때 적용했던 것처럼 그 두려움의 목적이 무엇인지 살펴볼 필요가 있습니다. 뭔가 해결하기 곤란한 문제가 있을 때, 그것을 회피할 구실이 필요한 거 아닐까요? 관점을 달리해 인생의 과제를 해결할 수 있다고 생각하면 늙음, 질병, 죽음은 더 이상 두렵지 않게 됩니다. 오히려 죽음 고유의 문제가 보이겠지요. 어떤 문제를 회피하기 위해 죽음을 두려워하는 것은 죽음 고유의 문제가 아니란 걸 기억해야 합니다.

저는 죽음이 어떤 것인지 모르지만 병에 걸린 뒤 죽음을 생각하게 되었습니다. 비록 불사不死의 몸이 되어도 인생이라는 시냇물이 바다와 하나가 되면, 즉 자신의 개성이 사라지면 그것은 결국 죽음과 같지 않을까요. 뮤지션 우타다 히카루는 〈Deep River〉라는 곡에서 바다에 이르러 하나가 되기 때문에 두렵지 않다고 노래하지만, 저는 그렇게는 생각하지 않습니다. 개인적인 죽음을 머릿속에 그리고 있으니까요.

나를 나답게 만드는 것은 인격이라고 말합니다. 10년 전이나 지금이나 내가 똑같다고 느껴진다면 그런 연속성을 보증하는 건 인격입니다. 그런 인격이 어떤 형태로든 죽음 이후에도 유지되기를 바라지요.

그러나 죽음에 의해 인격이나 개성이 어떤 큰 것과 하나가 되든, 죽어서 모든 것이 사라지든, 그것으로 충분하지 않을까요. 제가 이렇게 생각한 까닭은, 지금처럼 살아있을 때조차도 나라는 인격은 나만으로 완결되지 않기 때문입니다. 현재의 모습이 죽음 이후 어떻게 될지는 모르지만, 지금의 나도 타자와는 무관한 개인이 아니라는 점입니다.

여러 차례 말했듯이 아들러는 나 자신에게 집착하는 것이 얼마나 큰 문제인지 지적하고 있습니다. 내가 어떻게 될지를 일차적으로 생각하지 않는다면 내가 없어지는 것은 그리 두려운 게 아니지 않을까요? 내가 잊혀진다고 해도 그건 그런 대로 좋은 게 아닐까요. 나 자신은 세상을 떠난 사람을 잊고 싶지 않지만, 타자도 그래야 한다고 생각하지는 않습니다.

우리의 시간은 유한하여 생의 마지막에는 반드시 죽음이 찾아오는데, 공동체에서 완전히 사라지지 않기를 바라는 사람에게 "당신은 늘 우리 곁에 있을 것"이라고 말해주는 것은 전체의 행복에 공헌하는 것입니다. 그가 남긴 아이와 그가 해온 일은 세상에 남는 것이기 때문에 후세의 사람들에게 공헌하는 것이지요.

잘 산다는 것

죽음이 어떤 것인지는 알 수 없습니다. 얼마나 살 수 있는지는 아무도 모르지요. 내가 정할 수 없는 일이기에, 그것으로 고민해봤자 의미가 없습니다. 그저 살아가는 데 급급한, 살아가는 것 자체를 힘들어 하는 사람이 너무나도 많습니다. 그렇다면 무슨 일이 있든 목숨 부지하고 오래도록 살자는 것에만 신경 쓸 게 아니라 주어진 생 가운데 내가 할 수 있는 일을 하는 데 힘쓰는 수밖에 없습니다. 아들러가 "중요한 것은 무엇이 주어졌는지가 아니라 주어진 것을 어떻게 사용하는가"라고 말한 것은 생의 문제 전반에 적용된다고 할 수 있습니다.

저는 이 대목에서 소크라테스의 말을 떠올립니다. 얼마나 긴 시간을 살고 얼마를 얻을 것인가를 문제 삼지 말고 생명에 집착하지도 말라는 것이지요. 오히려 그것들은 신에게 맡기고, 어떻게 하면 앞으로 좀 더 잘 살아갈 수 있을지 생각해야만 한다는 겁니다. 죽음을 생각하지 않기 위해 잘 사는 것에 주의를 기울이자는 말은 아닙니다.

충실한 연애를 하고 있는 사람은 이 사랑을 계속 이어갈 수 있을지 걱정하지 않습니다. 둘의 관계가 충실하지 않을 때 앞으로 벌어질 일에 신경을 쓰면서 불안해하지요. 앞으로 일어날 일을 생각하는 대신 충실히 사랑한다면 그 연애는 좋은 결실을 맺을 것입니다.

인생도 이와 같지 않을까요? 잘 살아가는 것에 전념하면 앞으로 일어날 일에는 별반 마음이 쓰이지 않습니다. 신경 쓸 필요가 없기 때문이지요. 죽음 이후 어떻게 될 것인지 신경 쓰면 이 생을 잘 살아갈 수 없습니다.

소크라테스는 "앞으로 살아가는 시간을 좀 더 잘 살아갈 수 있을까 생각해야 한다"고 말합니다. 여기서 중요하게 생각해야 할 것은 그저 사는 게 아니라 잘 사는 것입니다. 아들러 역시 "인생은 끝이 있지만, 살아갈 가치가 있는 것으로 만들기에는 충분히 길다"고 말했지요.

🌱 살아가는 기쁨

아들러는 때때로 '살아가는 기쁨'이라는 말을 사용하지만, 사실 삶은 고단합니다. 하지만 심각하지 않게 살아가면 기쁨이 있습니다. 늘 기분 좋은 일만 기다리고 있는 것은 아니지만, 에네르게이아로서의 생은 순간순간을 소중하게 생각하는 것입니다. 숨 막히는 긴장 속에 순간순간을 살아가라는 말이 아닙니다.

어느 날 병원에서 진찰 순서를 기다리면서 아직 죽음을 경험하지는 않았다는 너무도 당연한 사실을 깨달은 적이 있습니다. 지금까지 죽지 않은 사람은 단 한 사람도 없고, 지금 살고 있는 사람도 이르든 늦든 모두 죽습니다. 그것과 직면하기 위해서는 분명 용기가 필요하겠지만, 두근두근 설레는 마음으로 그것을 맞이할 가능성도 있습니다. 그러는 것도 좋지 않을까요? 앞으로 무엇이 될지는 모르지만, 아무것도 안 하는 게 아니라 할 수 있는 데까지 힘을 쏟아 과제를 해결해보겠다는 자세가 좋지 않을까요.

🌿 언제나 준비한다는 것

질병도 죽음도 돌연 찾아옵니다. 느닷없이 찾아온다고 해서 우리가 아무것도 할 수 없는 것은 아니지요. 미국의 소설가 폴 오스터가 8살 때 처음으로 야구경기를 보러 갔습니다. 경기가 끝난 뒤 뉴욕 자이언츠의 윌리 메이스와 직접 만났지요. 메이스는 유니폼을 벗고 평상복으로 갈아입고서 오스터의 눈앞에 서 있었지요. 오스터는 용기를 내어 말했습니다.

"사인해주세요."

"응. 좋아. 그런데 꼬마야, 너 연필은 갖고 있니?"

그런데 오스터는 연필을 갖고 있지 않았지요. 주변에 연필을 갖고 있는 사람은 단 한 사람도 없었습니다. "미안하구나."

메이스는 어깨를 으쓱해 보이고는 야구장을 떠났습니다.

그날 밤 이후 오스터는 어디에 가든 연필을 갖고 다니게 되었습니다. 연필로 뭔가를 하겠다는 목적이 있었던 것은 아닙니다.

"더 이상 준비를 게을리 하고 싶지 않았다. 단 한 번 연필이 없다는 이유로 불의의 기습을 당하지 않기 위해, 두 번 다시 똑같은 일을 당하지 않기 위해서다. 오랜 세월을 살아오면서 달리 배운 건 없지만 이것만큼은 확실히 배웠다. 주머니에 연필이 있다면 언젠가 그것을 사용하게 될 가능성이 매우 높다는 것이다. 그렇게 해서 나는 작가가 되었다."

유감스럽지만, 준비되지 않았다고 해서 죽음이 물러가 주는 건 아니지 않습니까. 가능하다면 죽음뿐 아니라 인생의 어떤 일이든 준비해둬서 나쁠 건 없습니다. 늘 죽음을 주시해야 한다는 의미가 아닙니다. 좋은 기회가 주어지면 그것을 놓치지 않기 위해 준비하자는 것이지요. 무엇이 나에게 가장 좋은 기회인지, 그것이 언제 올지, 이런 것들은 정해져 있지 않으니까요.

좋은 기회가 왔다고 그것을 전부 내 것으로 만들 수 있는 것은 아닙니다. 우리는 저편에 자물쇠가 걸려 있어 이쪽에서는 결코 열 수 없는 문 앞에 웅크리고 있는 것과 같습니다. 그러나 적어도 문 앞까지는 다가갈 수 있지요.

🌿 이중적인 삶의 방식

언제나 준비하고 있는 게 중요하다고 했지만 '지금'은 준비를 위한 시간이 아닙니다. 어떤 일이든 완성할 수도, 완성하지 못할 수도 있습니다. 완성한다면 좋겠지만 완성하지 않는다고 그때까지의 시간이 모두 물거품이 되어버리는 건 아닙니다. 결과를 내는 것은 중요한 일이지만, 어떤 일이든 결과만 내놓으면 되는 게 아니지요. 그곳에 이르는 과정을 즐기는 게 좋지요.

물론 확실히 준비하지 않으면 좋은 기회를 놓치기도 하지요. 그러나 준비를 게을리 하지 않고 지금에 집중하면 자칫 놓칠지도 모르는 작은 일 속에서 인생의 큰 호기를 발견할 가능성도 있습니다.

"비록 세계가 내일 끝난다고 해도 나는 사과나무를 심겠다."

루터의 말처럼 시간이 영원할 것처럼 내 일에 힘쓰고 싶습니다. 유한한 시간을 생각하면 과연 지금 잡고 있는 일을 무사히 끝낼 수 있을까 하는 생각이 듭니다. 그러나 아들러는 이렇게 말하지요.

"자신감이 있고, 인생의 과제와 대결하게 된 사람은 초조해하지 않는다."

뒤집어 말하면, 자신감이 없는 사람은 초조하고 그 초조함을 설명하기 위해 시간이 유한하다는 것을 핑계로 삼지요.

앞으로 어떤 일이 일어날지 예측하면서 지금 이곳에 집중하는 이중적인 삶의 방식이 필요합니다. 현실이 어떠하든 이상을 응시하는 것과 바로 지금 이곳의 삶을 중시하는 것을 양립시켜야 하지요. 앞으로 일어날 일을 고민하지 않고, 미지의 것에 대해 고민하지 않는 것은 지금의 행복을 간과하지 않기 위해 반드시 필요한 것입니다.

그러나 목표나 이상을 갖지 않으면 눈앞의 일에 사로잡히고 맙니다. 지금 직면한 어려움이 모든 것이고 그것을 해결하지 않으면 단한 걸음도 앞으로 나갈 수 없다고 생각하게 만드는 사건도 장기적관점으로 보면, 그다지 치명적인 일은 아니라는 것을 알게 됩니다.

이상은 우리를 인도하는 별입니다. 그것을 눈으로 좇는 한 방황하는 일은 없습니다. 하지만 이상을 시야에 두지 않으면 눈앞의 일에 사로잡혀 아무래도 상관없는 작은 일에 기뻐하고 슬퍼하는 찰나적인 삶을 살 수밖에 없습니다.

목표가 명확하면 일단 결심하면 됩니다. 시작한 일이 어떤 이유로 계속할 수 없게 되어도 그때까지 해온 것이 목표를 달성하기 위한 수단이었다는 것만 안다면, 미련을 버리고 다른 일을 시작해도 좋습니다. 한 번 결정한 일이니 끝까지 가야 한다는 생각에 집착하다가는 오히려 헛수고로 끝나고 말지요. 그것은 최종 목표가 아닐 수도 있기 때문에 포기할 줄 아는 용기도 필요합니다.

세계를 개선한다

우리의 최종 목표는 단적으로 말해 행복입니다. 모든 것은 이 목표를 달성하기 위한 수단이지요. 이 책에서 밝혀두고 싶은 것은 행복하기 위해서는 개인적인 행복을 추구하는 것만으로는 충분하지 않다는 점입니다.

기독교 사상가 우치무라 간조는 천문학자 윌리엄 허셜을 인용하면서 "우리가 죽기 전까지 이 세상을 조금이라도 좋게 만들고 싶지 않은가?"라고 말합니다.

이 세계는 완전하지 않습니다. 우리 인생도 늘 즐거운 일만 있는 것은 아니지요. 나이 들면서 몸은 약해지고 병에도 걸립니다. 사람과 관계하는 이상 대인관계로 인한 문제도 피할 수 없습니다. 그럼에도 불구하고, 우리는 삶을 즐길 수 있습니다. 아들러는 때때로 '이 지구 위에서 안식하다'는 표현을 썼습니다.

"이 지구 위에서 안식하는 사람은 인생의 쾌적한 일만이 아니라 불쾌한 일도 나에게 속해 있다고 믿는다."

이때의 '불쾌한 일'이란 단순히 개인적인 일이 아니라 이 세계에서 벌어지는 부조리한 일까지도 염두에 둔 것입니다. 그런 일도 나와는 무관할 수 없다는 것이지요.

"분명히 이 세계에는 악, 역경, 편견이 있다. 그러나 그것이 우리들 세계이고, 그 이로운 점도 불리한 점도 모두 우리의 것이다."

이 세계에 악과 역경이 있다는 사실을 알게 된 이상, 나의 과제에 기죽지 않고 적절한 방법으로 맞선다면 세계를 개선하는 데 도움이 될 수 있습니다.

아무것도 하지 않고 수수방관하는 것이 아니라 나의 역할을 다하는 것, 그것은 지금까지 말한 공헌과 조화를 이루는 것입니다. 그렇게 함으로써 이 세계에 악이나 부조리한 일이 있어도 그 가운데에서 내가 있을 곳을 발견할 수 있습니다.

인생과 그 과제를 유독 어렵게 생각하는 아이들에 대하여 아들러는 이런 식으로 말합니다.

"손해를 보지 않으려고 나의 경계를 지키고 불신감으로 주위를 본다. 실패하는 운명에 몸을 맡기기보다는 역경과 위험을 알아차리고 과제를 회피하는 성향을 발달시킨다."

역경이 있기에 과제를 회피하는 것이 아니라 실패를 두려워하기에 과제를 회피하는 것이고, 과제를 회피할 이유로 큰 역경과 위험을 찾아내는 것이지요.

"이런 사람들에게 공통적으로 나타나는 특징이 있다. 공동체감각이 그다지 발달하지 않아 타인보다도 나를 더 많이 생각한다는 점이다. 일반적으로 이런 사람은 비관적인 세계관을 갖는 경향이 있고, 잘못된 라이프스타일에서 벗어나지 않는 한 산다는 것을 즐길 수 없다."

누구나 인생을 즐길 수 있습니다. 그러나 나만 생각하고 비관적으로 세상을 보는 사람은 인생을 즐길 수 없지요. 시점을 바꾸면 나만 생각하는 게 아니라 타자를 생각할 수 있습니다. 인생의 과제를 해결하기 위해서 고통을 증폭시킬 필요도 없습니다. 과제와 맞서는 게 오로지 나만을 위해서가 아니라 세계를 개선하기 위해서이기 때문이지요.

버텨내겠다는 용기

지금까지 '어떻게 하면 인생을 꿋꿋하게 살아갈 용기를 가질 수 있는가' 이야기했습니다. 인생은 분명 고통스럽지요. 진지하게 살아가려는 사람에게는 특히 더 그렇습니다. 그런데 인생이 모든 사람에게 똑같이 힘들기만 한 것은 아닙니다.

병이나 죽음이라는 과제를 앞에 두었을 때뿐만이 아니라 인생의 모든 장면에서 우리는 인생에 스스로 의미를 부여합니다. 그때 어떤 식으로 의미를 부여하느냐가 각자의 라이프스타일입니다. 스스로 자각하지 못했을지 모르지만, 우리는 스스로의 결단으로 그것을 선택합니다. 다른 라이프스타일을 선택하는 것도 우리 자신의 몫입니다. 지금까지와는 다른 방식으로 인생에 의미를 부여하겠다고 결심함으로써 인생은 달라질 수 있다는 얘기입니다.

의미부여를 달리 해도 고통스러운 일과 만난다는 사실에는 변함이 없지요. 두렵다는 이유로 눈을 질끈 감아도, 현실을 슬며시 외면해도, 상황은 변하지 않습니다. 누구나 늙고 병들고, 끝내 죽음과 직면할 수밖에 없죠. 고립되어 살아가지 않는 한 타자와 관계하는 것도 고통입니다. 그러나 그것이 고통인지 아닌지는 자명하지 않지요. 모든 사람이 그것을 똑같이 고통으로 체험하지는 않으니까요.

따라서 포기하지 않고 끝까지 버텨내 날아오르겠다는 용기가 필요한 겁니다. 아들러는 이렇게 말합니다. "우리에게 고통을 주고 우리를 불안하게 만드는 감정으로부터 우리는 정신적 발달의 비약을 이끌어낼 수 있다."

그것을 가능하게 만들기 위해서는 오랜 세월 익숙해진 라이프스타일을 과감히 바꿔야 합니다. 라이프스타일을 처음 선택한 게 언제이든, 얼마나 오랜 동안 라이프스타일을 의식하지 않고 살아왔든, 나의 라이프스타일이 어떤지 '지금' 알았다면 앞으로 어떻게 할 것인가는 오로지 본인에게 달려 있습니다. 아들러는 이렇게 말합니다.

"라이프스타일의 잘못을 바로잡도록 설득하는 데 성공하든 못하든, 그렇게 하겠다는 결심을 하든 말든, 그것은 순전히 개개인 자신에게 달려 있다."

잘못을 바로잡기 위해 노력하는 것, 나아가 세계를 좀 더 낫게 만들기 위해 나의 역할을 다하고, 타자에게 공헌하겠다고 결심해야 한다는 것이지요.

🌿 놀이로서의 인생

플라톤의 대화편인 〈법률〉 중에는 우리가 주목할 말이 있습니다. "바르게 사는 방법은 일종의 놀이를 즐기듯 사는 것"이라는 말이 그것입니다. 아득바득 살고 있을 때, 이 글을 읽고 제 자신의 삶이

제9장 이 인생을 어떻게 살 것인가

얼마나 즐거움과는 동떨어져 있는지 절실히 깨달았지요. 인생을
똑같은 일의 반복으로 만들지 않는 것은 분명히 모험이지만 실패
하지 않으려고 안정권에만 있으려고 한다면 살아가는 기쁨을 얻
을 수 없습니다.

아들러는 '살아가는 기쁨'이라는 말을 자주 사용했습니다. 살아
가는 게 중요한 것은 사실이지만, 심각하지 않게 살아가는 데 기
쁨이 있습니다. 에네르게이아로서의 생을 순간순간 소중히 여기
자는 겁니다.

지금 이곳에서 사는 것이 늘 숨 막히는 긴장 상태가 아니길, 진
심으로 그 인생을 즐기길 바랍니다. 아들러가 살아가는 기쁨, 기쁨
으로 가득한 인생, 살아가는 즐거움을 여러 차례 말한 것도 그런
이유에서입니다. 놀이라는 말이 진지한 스타일인 저에게는 왠지
생경하게 느껴집니다만 그럴 필요 없을 거 같습니다. 뭔가 달성했
을 때만 즐길 수 있는 게 아니라 지금 바로 이곳에서 즐기면 되는
것입니다. '지금 이곳' 밖에서 즐길 수는 없으니까요.

아들러가 우리에게 남긴 것

아들러 심리학은 프로이트나 융에 비해 덜 알려져 있습니다. 그의
사상은 너무도 지당해서 특별하다거나 기발하다는 인상을 주지는
않습니다. 누구의 입에서 나온 말인지가 그다지 문제 되지 않는

내용이지요.

어느 날 아들러가 강연하는 자리에서 어떤 사람이 이렇게 말했습니다.

"오늘 당신이 한 말은 하나같이 당연한 말 아닌가요?"

그러자 아들러가 대답했습니다.

"그래서 그 당연한 말의 어느 부분이 좋지 않다는 거죠?"

아들러를 무시하던 사람들은 자신도 모르는 사이에 '잠재적인 아들러파'가 되어 있었던 셈이지요. 그의 사상은 수많은 사람들이 쉬지 않고 표절해왔습니다. 프랑스어 용어집은 아들러 학설을 '공동 채석장'이라고 묘사할 정도지요. 모든 이들이 거기서 뭔가를 캐어 간다는 말입니다.

아들러는 자신의 학설이 프로이트 학설과 전혀 다르기 때문에 프로이트의 제자라는 오해는 몹시 싫어했지만, 자신의 학설이 바르게 전달되기만 한다면, 그리하여 제대로 공유되기만 한다면 자신의 이름이 언급되지 않아도 괘념치 않았습니다. 오히려 그는 이렇게 말합니다.

"심리학 분야에서 일하는 모든 사람이 우리가 공부하는 방향으로 행동하게 될 것이기 때문이다."

비록 이름이 널리 알려지지 않았어도 그가 물려준 유산은 분명히 전해졌기 때문에 아들러 심리학을 공부해온 사람으로서 저는 긍지를 느끼고 있습니다.

그러나 그가 살아있다면 교육 현장과 정치 현장의 슬픈 현실을 보게 되겠지요. 그가 떠난 지 70여 년이 지난 오늘날의 현실은 여전히 그의 사상을 받아들이지 못하는 것 같습니다. 공동체감각과 대등한 인간관계는 제대로 조명받지 못하고 있습니다. 하지만 아들러의 유산을 이어받아야 할 필요성은 그가 살았던 시대보다 지금 더 훨씬 더 절실하고 긴박해 보입니다.

아들러는 히틀러가 제2차 세계대전을 일으키기 전에 생을 마쳤습니다. 아들러 학파의 많은 사람들이 수용소로 끌려갔기 때문에 어떤 의미에서는 아들러 심리학은 아우슈비츠에서 한 번 몰락했다고 할 수 있습니다. 아들러를 따라 미국으로 건너온 루돌프 드레이커스가 시카고를 중심으로 아들러 심리학 보급에 힘쓴 덕에 오늘날 아들러 사상은 미국뿐 아니라 전 세계에 살아 있습니다. 일본에서는 정신과 의사인 노다 슌사쿠가 '일본 아들러 심리학회'를 설립하여 아들러 심리학은 착실히 이어지고 있습니다.

아들러는 세상을 떠났지만, 우리에게 이렇게 말하는 것 같습니다.

"만일 내 말에 따라준다면, 소크라테스보다 진리에 더 신경 써라. 만일 내가 진실을 이야기한다고 생각하면 동의하고, 그렇지 않다면 온갖 토론을 벌여 반대하라."

나오는 말

'제비 한 마리가 봄을 만들지는 않는다'는 고대 그리스 속담이 있습니다.

어느 날 부모가 아이에게 "고맙다"고 했더니 뜻밖에 웃는 얼굴로 다가옵니다. 간단히 아이를 변화시켰다는 사실에 부모는 놀랍니다. 하지만 바로 다음 순간 아이는 부모의 신경을 건드리는 말을 하지요. 그러자 행복했던 기분은 순식간에 사라지고 맙니다. 너무도 간단히 원래의 상태로 돌아오는 자신의 태도를 반성하며 아들러는 자신을 바꾸는 게 어렵다는 걸 새삼 깨닫습니다. 인생에서 큰 사건은 아니지만 이런 일상의 대인관계가 바로 우리 인생의 시련입니다.

아들러는 이렇게 말했지요.

"심리학은 하루아침에 배울 수 있는 과학이 아니다. 배우고 실천하지 않으면 안 된다."

아들러가 들려주는 말은 어렵지 않습니다. 아들러만큼 간결하게 인간에 대해, 인간의 심리에 대해 이야기를 들려주는 사람을 저는 알지 못합니다. 그럼에도 불구하고, 그의 말에 저항하는 사람이 많습니다. 마치 플라톤의 대화편에서 보았던 소크라테스를 연상케 합니다.

소크라테스도 아들러도 우리가 살아가는 방식에 대해 질문을 던지고 그것을 엄밀하게 음미합니다. '지금 이대로의 당신으로 충분하다'는 식의 달콤한 말을 해주지 않지요. 그래서 그의 말에 다들 귀를 막고 도망치려는 것입니다.

이 책에서 살펴보았듯이 지금까지의 인생은 앞으로의 인생을 어떻게 살아가는가에 아무런 영향도 미치지 않습니다. 그것을 기억한다면 앞으로 살아갈 용기를 얻을 수 있습니다. 이 책이 그런 계기가 되기를 바랍니다. 어떤가요? 이 책을 다 읽은 지금 주위 세계가 조금 다르게 보이지 않나요?

이 책이 출간되기까지 많은 사람들이 도와주셨습니다. 그중에서 특히 노다 슌사쿠 선생님의 가르침에 감사합니다. 그리스 철학의 스승이신 후지사와 노리오 선생님에게도 인사를 드립니다. 젊은 날, 선생님의 강연을 듣지 않았다면 이 책은 결코 쓰지 못했을 것입니다. 이 책을 읽어주실 선생님이 안 계셔 안타깝습니다.

편집을 담당해주신 고자키 마사히로 씨는 초고 단계부터 세밀한 부분까지 열심히 원고를 읽고 유익한 조언을 해주셨습니다. 기온 마츠리(일본의 축제) 날에 교토에서 '눈이 번쩍 뜨일 신선한 사상'이라며 아들러 심리학을 놓고 뜨겁게 이야기를 나누던 게 마치 어제 일처럼 떠오릅니다. 열의를 갖고 최선을 다해주신 덕분에 이 책을 쓸 수 있었습니다.

기시미 이치로